5G+

金融保险的新基建时代

众安金融科技研究院

著

机械工业出版社

CHINA MACHINE PRESS

5G 商用牌照的提前发放，大概率将加速传统经济向新经济的快速转型，"万物互联"的加速势必造成社会信息量的指数级增长，信息的过载和不对称问题在 5G 时代将尤为凸显，各行各业的行业结构、运营理念以及产品实践将面临重构。

　　金融行业作为经济社会重要的基础性行业，其发展也必然面临着时代的挑战。金融行业的本质属性为"信息中介"，外部技术环境的变迁将必然引发行业的重新定位。本书将详细阐述 5G 技术对金融领域的影响，从宏观至中观、从技术环境至社会行为展开全维度分析，并以金融保险企业的运营理念为例，解析如何应对 5G 时代的宏大变迁。

图书在版编目（CIP）数据

　　5G＋：金融保险的新基建时代／众安金融科技研究院著. —北京：机械工业出版社，2021.3（2021.7 重印）

　　ISBN 978－7－111－67569－3

　　Ⅰ.①5…　Ⅱ.①众…　Ⅲ.①第五代移动通信系统-应用-金融-保险-研究　Ⅳ.①F840.682

中国版本图书馆 CIP 数据核字（2021）第 031521 号

机械工业出版社（北京市百万庄大街 22 号　邮政编码 100037）
策划编辑：刘林澍　　责任编辑：刘林澍
责任校对：郭明磊　　责任印制：张　博
三河市宏达印刷有限公司印刷

2021 年 7 月第 1 版·第 2 次印刷
170mm×240mm·14.25 印张·3 插页·177 千字
标准书号：ISBN 978－7－111－67569－3
定价：68.00 元

电话服务　　　　　　　　　　网络服务
客服电话：010-88361066　　　机 工 官 网：www.cmpbook.com
　　　　　010-88379833　　　机 工 官 博：weibo. com/cmp1952
　　　　　010-68326294　　　金 书 网：www.golden-book.com
封底无防伪标均为盗版　　机工教育服务网：www.cmpedu.com

　　金融是现代经济的核心，科技的发展与应用是金融业实现高质量发展的必要条件。当前全球面临新一轮科技浪潮，我国将有望在"新基建"等一系列政策的指引之下，率先实现 5G 网络的全面铺设，并借此加速实现我国金融业的数字化转型。就当前进展来看，作为"新基建"重点的 5G 网络建设加速推进，极大地推动了我国以 5G 网络为基础的数字技术生态及数据产业链的构建，助推金融相关应用领域的创新实践，金融业有望借助此次科技发展及相关政策红利实现高质量发展。保险业作为金融业的重要组成部分，要抓住此次发展机遇，在风险经营、产品研发及客户体验等多个维度有所突破，为管理社会存量风险提供专业方案，助力经济平稳转型，广泛服务社会民生。

　　在政策层面，当前，国家高度重视数字技术及数字经济发展，促进数字化转型的政策陆续出台，为建立满足数字化生产关系的宏观环境提供了有利条件，为金融业及保险业加快数字化转型奠定了坚实基础。2020 年 3 月，中共中央政治局常委会召开会议，提出加快 5G 网络、数据中心等新型基础设施建设进度，并对加快推进信息网络等新型基础设施建设进行了具体部署，多个省市出台"新基建"计划并规划一批"新基建"项目，重点瞄准 5G、人工智能等领域。2020 年 4 月，国务院印发《关于构建更加完善的要素市场化配置体制机制的意见》，指出要加快数据要素市场的培育。同月，由国家发展和改革委员会、中央网信办印发了《关于推进"上云用数赋智"行动培育新经济发展实施方案》，制定了产业数字化转型、培育新经济发展、助力构建现代化产业体系、实现经济高质量发展的具体方案，明确了数字技术是新一轮技术革命和产业变革的重点方向，产业数字化转型为培育经济增长新动能提供了重要的引擎。面临这一趋势性发展机遇，以下三个方面是保险业数字化转型升级的关键点。

第一，把握科技发展红利，新兴与传统市场主体齐驱并进。保险业具备资本、客户、人力、技术等方面的多重资源优势，是高密度研发和高水平创新人才的重要承载体。近年来，科技快速发展并积极赋能保险业，给保险业的风险管理水平、经营运营效率及客户服务体验等方面都带来了较大的改善，为保险业的价值创造提供了新的发展动能，重塑了保险业的商业生态。这其中，互联网保险机构在新兴技术的快速跟进、落地实践上具有灵活的优势，是行业探索新兴技术、新颖模式，激活行业创新活力的助推器，发挥着创新试点的作用。面临着新一轮的技术浪潮，传统保险机构、互联网保险机构及专业中介机构要密切关注技术发展的趋势，发挥出各自独有的资源禀赋优势。此外，行业要重视头部企业创新引领作用的发挥，以协同方式带动周边参与者进行融合创新，不断积累科技转化的实践经验，以点带面逐步推动行业产业链的数字化转型。

第二，增强数据驱动能力，提升创新可行性，推动行业转型升级。随着"数据资产"理念逐步加深，数据体系更加完备，金融行业内外数据开放、共享与流动愈加活跃，数据管理和应用模式不断创新，金融数据产业链条更加完善，数字化转型也在驱动金融运营与服务不断升级。从金融业的自身性质来看，金融业是数据密集型行业，数据驱动下的金融业将拥有更强的洞察力和决策力。同时，海量、高速增长和多样化的信息资源也为金融业构建商业生态、提升创新可行性提供了新路径。数据驱动的企业通过 API 的集成，让数据分析结果直接驱动，并优化业务运营，同时数据接口的应用进一步带来商业平台的联动，这些都是当前及未来金融业生态建设必须依赖的重要内核。以科技赋能为核心，以服务生态为宗旨，将金融服务融入不同的生态和场景，可以预计，在不久的将来，金融产品上下游产业链的数字化转型将为价值链共同体赋能，协同构建金融新生态的步伐也会加速。

第三，回应多元消费需求，服务跨界延伸保险价值链。通过人工智能、区块链、云计算、大数据等技术实现在数据收集、客户画像、需求分析和策略设计等方面的能力的进一步提升，保险服务的运营方式与手段更为高效及多元化，实现产品定制化、定价动态化、销售场景化、理赔自动化的运营目标也成为可能。通过科技重塑保险价值链，以科技支撑实现保险服务链条的外延，基于公司自身资源禀赋，保险服务提供者也在以"服务为本、科技为手段"的策略引领下，利用生态化连接，增加保险服务触达消费者的维度，提升连接紧密度。保险公司要以用户保险需求为核心，进行跨行业的商业生态整合，并通过频繁的交互和快捷的服务赢得客户信任，优化保险消费者的服务体验，提升消费者在保险服务中的获得感。尤其是，在金融服务内嵌于线上，而不再仅限于线下场景的背景下，保险业可以通过连接关联产业和客户，整合衍生产品和相关增值服务，最终延伸保险价值链。通过丰富保险产品的层次与内涵，全面提升保险保障服务的全面性和普惠性，以客户的真实需求为出发点，发展人民真正需要的商业保险，让保险业在服务实体经济方面做出更大的贡献。

当然，在大力发展保险科技的过程中，也需要法律法规及市场规则的顶层设计，法律法规、市场规则及新兴技术共同作为基础设施，为数字经济下新金融体系的平稳运行提供坚实基础。面对新一代网络技术升级及其影响，监管方面也要积极统筹谋划，可从风险管控、信息保护及正向创新三个维度综合考虑。

一是全面管控风险，发挥新基建对行业风险管理的底层支撑作用。经济结构转型期间，金融业的系统稳定和金融风险的有效防范尤为关键。安全、稳健、高效的金融业新基建将能够更好地服务行业风险识别与风险管理。具体而言，在保险行业，新基建中由新技术手段打造的监控网络将为保险机构反欺诈筑起可靠的"防火墙"，可以助力保险业打造新型的智能风险防控体系。在以5G、人工智能、大数据为基本技术支撑的金融新基建基础上，保险公司得以精准、智能地识别风险，进行实时风险预警，为掌握标的状况、洞察客户需求提供稳定的技术支持。新基建作为我国新时期重要的经济发展增长点，将为金融行业整体的风险管控和行业的合规、稳健、高效发展提供持续的底层支撑。

二是强化信息保护，规范数据的商业化应用。金融业的信息安全意义重大，业务的开展与运营依赖信息系统的稳定运行与安全可靠。金融信息保护是金融业稳定发展的重要基础，尤其在金融大数据的应用中，未来行业对于信息的可获得性大幅提升，也有望打通金融业数据融合应用通道，破除不同金融业态的数据壁垒，化解信息孤岛。因此，制定数据融合应用标准规范，发挥金融大数据的集聚和增值作用，推动形成金融业数据融合应用新格局，助推全国一体化大数据中心体系建设也是金融科技监管举措中的应有之义。同时，要进一步建立健全法律法规制度体系，逐步构建法律规范、行政监管、行业自律、社会监督的多元协同共治格局，不断提升金融信息安全治理水平。

三是规范技术应用，引导科技守正创新。新技术应用可提高金融服务的效率，满足消费者多元化、多渠道的金融需求，但也同时存在过度创新、不当创新的问题，甚至假借科技名义，从事违法、违规乃至犯罪活动。在新技术迅速发展的今天，要把握好三点。首先，要拥抱科技，积极创新，发挥科技的最大价值；其次，要充分评估新技术与业务融合的潜在风险，设计包容审慎、富有弹性的创新试错、容错机制，划定刚性底线、设置柔性边界、预留充足发展空间，努力打造符合我国国情、与国际接轨的金融科技创新监管工具，做好监管沙盒的试点与推广；最后，要善用科技，持续规范新型技术在金融行业中的创新应用，进一步引导金融科技发挥正面积极作用，将金融科技的价值发挥在服务实体经济、关乎国计民生的各个方面，推动金融业向更为健康、规范、稳健的方向发展。

综上，市场多方参与者的积极探索、行业监管的不断正向引导，将形成充分的协同合力，推动金融保险业数字化转型加速，尤其在5G网络环境中，将释放出巨大的经济价值。首先，随着传统运营流程的降本增效，保险企业将在商业竞争中加速采用人工智能与大数据等智能分析工具，根据先行指标精准进行消费者与保险产品服务的匹配，降低人工成本，提升保险机构创新探索新产品的主动性和科学性，进一步丰富产品的多样化供给；其次，保险企业将进一步加快对传统营销渠道的数字化及智能化改造，更大规模地引入智能服务模式，更加敏捷地满足市场需求的弹性变化；最后，保险企业将更加注重用户消费体验的提升，通过线上线下的融合，多维度触达用户，明晰消费者的风险保障需求，进而进行全渠道的资源整合，以提升保险业的服务品质。

值得关注的是，业界已对新基建所带来的趋势性发展机会高度重视，近期保险业数字化转型趋势明显提速。此次由众安金融科技研究院编写的《5G＋：金融保险的新基建时代》一书归纳整理了当前业内数字技术应用案例与相关举措，厘清了国内外数字化转型的理论与实践路径，就5G网络及其他新基础设施对金融生态的影响进行了详细的分析及阐述，兼具研究性和普及性，对研究金融保险业的数字化转型在我国的发展和推广具有相当的参考价值。行业的健康发展离不开实践的总结与推动，我相信通过系统的探讨和积极的尝试与探索，我国金融业将实现更加稳健的数字化转型。

是为序。

全国政协委员，原中国保监会副主席
周延礼

序言 2

当前全球保险业面临着新一轮技术浪潮带来的数字化转型发展机遇，保险精算运用的数据基础、选取维度和风险预测模式等均产生了变化，传统保险定价主要依托历史损失数据，而在大数据时代可基于全量数据分析实现保险产品精准定价，为精算带来变革机遇的同时，也对精算工作提出了新的要求。在变革的时代，更需要业界齐心合力积极探索，此次荣幸受邀为本书作序，借此机会谈谈此次精算变革的背景、发展瓶颈及行业实践，抛砖引玉，希望与业界开展更多的沟通与交流。

从发展背景来看，此次新型学科在精算变革中迅速崛起，精算数据科学应运而生，这与新一轮全球科技浪潮的兴起密不可分。早在 2015 年，新加坡精算师协会大数据工作组首次提出"第五代精算即精算数据科学"的观点，以精算和数据科学融合的跨学科研究应用为主要特点、以大数据和非结构性数据处理为核心，立足数据科学，通过数据赋能保险精算。与前四代精算相比，精算数据科学通过数据的挖掘，可减少保单持有人和保险人之间的信息不对称，减少逆向选择问题，同时风险的分类更加精细，有利于实现保险产品创新和定价的精确性。但整体看来，目前，精算数据科学的发展依旧缓慢，究其原因，有以下三大问题亟待解决。

其一，数据使用与数据隐私的平衡。数据收集与提取的合法性、维护数据隐私的必要性对数据的开发和使用提出了一定的要求。一方面，数据使用需要考虑收集、提取是否合法合规。数据普遍属于信息主体所有，其使用多以"通知""同意""授权"为原则，在使用数据时需确定是否已征得信息主体的同意。另一方面，数据运用过程中需要保证用户的数据隐私及安全，随着数据使用量的增加，数据隐私维护的难度增大，数据安全性随之降低，黑客入侵、未经授权的用户擅自访问均可能损害数据隐私。

对此，相关的政策制度正在逐渐完善。在我国，2020 年 4 月 9 日国务院发布的《关于构建更加完善的要素市场化配置体制机制的意见》中，明确提出要加快发展技术要素市场，加快培育数据要素市场；另外，国家发展和改革委员会、中央网信办印发的《关于推进"上云用数赋智"行动培育新经济发展实施方案》中，也提到要筑基础，夯实数字化转型技术支撑，为第五代精算在我国的发展奠定了制度基础。

新型技术的应用为隐私保护提供了新思路，可以有效平衡数据使用与数据隐私之间的矛盾。以区块链技术为例，基于环签名、群签名等密码学方案的隐私保护机制能够保护签名方身份，通过采用高效的动态加密方案或安全多方计算方案可以实现多方处理加密文件并隐藏用户身份等敏感信息。同时，还可以通过向用户提供操作密钥对数据的安全访问情况进行控制，最大限度地提高隐私保护的灵活性。目前，区块链技术已被用于医疗保健领域以实现数据的安全共享。在第五代精算的发展路径中，数据的安全获取、使用是实现精算变革的必要前提，因此，区块链技术将扮演重要的辅助角色。

其二，智能算法与公平定价的平衡。在智能算法应用过程中，数据的数量质量、算法的挖掘深度和风险的变化情况都是影响公平定价的重要因素。一是，数据数量的匮乏、质量的参差不齐可能导致不公平定价，应用智能算法训练预测模型时，数据数量的缺乏可能导致算法的涵盖面不足，数据质量差则会直接导致算法出现偏差。二是，算法通过深度挖掘间接取得的歧视性指标数据将导致不公平定价，法律禁止保险公司基于种族、肤色、信仰或国籍等因素歧视相关客户群体，但由于不同群体的生活特征等存在明显差异，即便不选取种族、肤色、信仰等指标，智能算法也可以通过其他指标间接预测得到有歧视性影响的计算结果，导致不公平歧视性定价，使部分客户支付更高的保费。三是，算法开发后如果无法与风险变化相匹配，可能造成不公平定价，大多数算法开发完成后缺乏评估，即使后续有相应的评估，也可能由于没有及时发现风险的变化导致不公平定价。

解决这一矛盾需要政府与保险公司共同努力，保证精算定价的公平。对于政府而言，需要在政策上加大对智能算法的监管，确保算法的透明度，降低不公平定价的可能性。目前各国政府相关规则的制定较不平衡，多数政府尚未出台相关政策。欧盟于2019年4月8日率先发布《人工智能道德准则》，明确了对人工智能的应用要进行严格监督。对于保险公司而言，使用数据时应确保数据的数量和质量，保证涵盖尽量多的可能性，开发算法时需要审查模型的科学合理性并能够解释关键假设和方法，向消费者和监管者证明其定价的公平，在算法开发完成后仍需不断监控并及时改进，确保算法能够及时应对风险的变化。

其三，降低风险与干扰选择的平衡。通过数据监测奖励被保险人的方式，在有效降低风险的同时可能会干扰被保险人的行为选择。保险人通过可穿戴设备、智能家居和车联网、物联网传感器获取客户信息，并对相关行为进行奖励或惩罚，降低风险发生的概率，但该方式可能在一定程度上干扰被保险人的行为选择。例如，保险人以可穿戴设备中的步数记录为标准对被保险人进行奖励，被保险人为获得该奖励可能专注选择跑步而非其他运动形式。因此，保险人在制定奖惩方案时，在引导被保险人健康生活、降低风险的基本前提下，应为被保险人提供尽可能多的选择，降低干扰选择的可能性，并保证激励措施符合客观公认的标准，否则可能对保险人带来巨大的声誉风险。

总体来看，保险科技将推动保险业转型升级，为保险业的创新发展带来新的机遇，但在部分环节中，技术与业务的融合仍不充分。保险业务的开展是以保险产品为内核的，而保险产品设计的核心在于精算，精算变革已成为保险业转型发展的必然要求。目前精算师协会、保险公司和政府应多方面努力，着力在技术上增强数据治理能力、在政策上加强对算法的监督、在实务上提高内部防控能力，推动精算数据科学的进一步发展。同时应加强开展相关教育，培养更多专业人才，推动相关研究，平衡三大主要矛盾，促进实务应用。

　　本书梳理了精算变革与保险数字化转型的理论与实践路径的结合点，并结合最新技术、数据及相关法律法规和监管政策，就技术基础对精算业务的影响进行了详细的分析及阐述，对保险业的精算技术发展及数字化转型在我国的研究、发展和推广有积极的参考意义。相信在有关部门指导下，通过系统的探讨和积极的探索尝试，第五代精算的发展与保险业的数字化转型在我国的实践会更加理性和稳健。

　　　　全国人大代表，湖南大学风险管理与保险精算研究所所长，教授
　　　　　　　　　　　张　琳

序言 3

2020 年是一个不寻常的年份，两件事情足以让这一年在人类近期的历史中受到特别关注。一是席卷全球，至今仍在肆虐的新冠肺炎疫情，二是年内逐步开始投入使用的 5G 移动通信技术。这两件事情将如何具体地影响我们的未来，还有待更长时间的观察。但它们在某种程度上的联系，让我对技术、生命和我们的工作产生了一些联想。值此书出版之际，与大家分享。

新冠肺炎疫情带来了国际范围内的经济衰退和政治动荡，可以说是一个世纪以来人类经历的主要灾难之一，其损失难以估量。然而，这并不是大自然对人类的第一次报复。源自动物界的多种病毒仅仅在过去几十年间已多次进攻人类，夺取了无数生命。人们普遍认为，是我们对自然无休止的破坏和掠夺，造成了这些严重的人类危机。最近几十年，恰好是现代科技狂飙突进的高光时刻，尤其以通信技术和信息技术为代表。新兴技术的应用极大地推动了经济和科技的发展，推动了全球化和社会分工的重组，但它也导致了人类活动范围的大幅扩张，让环境日益恶劣，最终造成了包括新冠肺炎疫情在内的一系列生态危机。从这个意义上来看，新冠肺炎疫情让我们体会到的是科技进步的反噬。

然而我们并不能因此停止拥抱科技的进步，回到刀耕火种的时代。我们需要思考的是如何将技术应用于对生命的关怀和护佑，而不是造成更多的伤害，或是为后代留下隐患。媒介理论的先知麦克卢汉说过，技术是人的延伸。任何媒介或技术传递的"讯息",是它的引入导致的人间事务在速度和模式上的变化。如果我们能够提前预知和把控这些技术带来的变化,就可以预防它给我们带来的不利影响,同时提高我们的生活质量和社会福祉。而这正是保险行业的特点和使命。

5G通信是人类通信史上的又一次革命性进步。它的高速度、低延时、万物互联的能力,将深刻地改变现有的生活方式,创造新的生产和消费模式,重新定义人与人、人与物、物与物之间的关系。5G代表的是一个全新的技术时代,为众多行业的扩张和升级带来了无限可能。这本由众安金融科技研究院所撰写的著作,正是对于5G技术给未来保险和金融行业带来的可能性进行的探讨。这些探讨将有助于我们从有利于社会与个体福祉的角度来了解和把控这一全新技术带给我们的变化。

科技赋能金融,众安保险立意做一家"有温度的保险公司"。我们希望利用科技,保障生命和人民的幸福,也希望我们的研究能给整个行业带来启发和思考。

Thomas

众安保险股东之一

序言 4

我们正处于一个波澜壮阔的技术变革大时代。云计算、5G、人工智能、区块链等新兴技术的发展应用，正不断冲击并改造着众多行业的价值链条，也催生出更多新业态、新产业。回顾近几十年，每一次通信网络基础设施的升级，都与行业兴衰交替、市场格局变动紧密关联。基于通信网络的基础设施升级衍生出来的新兴技术，将会以巨大的力量改变人民群众的生活方式，其中的很多变化甚至无法预知。5G 时代已在眼前，关于 5G 时代的商业推演已有很多，如果想从金融科技业内一线的视角找到一些新的观察，这本书一定会带来很多新的启示。

2013 年，4G 时代正式开启。同年，众安成立，揭幕了一个全新的互联网保险时代，金融科技也进入蓬勃发展时期。众安自主研发了业内首个云端核心系统，支撑了海量、高频、碎片化的互联网业务需求。基于大数据深度分析，众安可以提供个性化、定制化的保险保障。通过上线"数据＋场景＋智能"服务，实现精准触达用户、数据驱动决策。通过深化技术与保险全流程的融合，可以实现业务全链条高度自动化。众安借由自身科技力的提升，给保险行业数字化转型提供了全新的参照样本。

如今，云计算、大数据等新兴技术的应用在金融业内已随处可见，传统金融机构也在大跨步进行数字化转型，这些新技术的应用推动着行业的全面变革。我们看到，科技作为金融的重要基础设施，底层体系构筑越完备，越能实现对市场参与者的充分赋能。与 4G 相比，5G 能够提供更高的速率和更大的带宽，支持大规模、低成本、低功耗物联网设备的高效接入与管理，开启万物感知、万物互联和万物智能的新时代。5G作为"新基建"的重要组成，与大数据、人工智能、区块链等技术一起形成合力，将全面加速赋能千行百业的数字化、网络化和智能化转型。具有高速率、广连接、高可靠、低延时特点的5G技术的全面运用将为云计算、人工智能、区块链等技术向金融领域的深度渗透提供更优质的网络环境保障，催化新技术的落地，并在创新金融产品、革新经营模式、改造业务流程、重构行业生态等诸多议题中带来新的变革。

业内已经有先行者，在做积极的准备与实践。保险公司基于云计算等技术实现了业务流程的线上化承载，波峰每秒可出具数万张保单，支持千亿级保费规模，让保险进一步普惠化成为可能。积极布局大数据和人工智能，搭建数字化运营体系成为保险公司实现数字化转型的必经之路，其中企业如何高效追溯、分析用户数据，从而绘制精准的用户画像，必将成为获取客户的关键一环。而对于行业监管和消费者权益保障而言，通过运用数据可视化还原、数据编排、容器引擎、容错算法等前沿技术，精准还原互联网保险销售过程中的销售行为信息和销售页面信息，也将有力维护市场秩序，促进行业健康合规发展。我相信随着5G技术的进一步发展、普及和应用，保险行业将拥有更大的市场空间。

本书梳理了当前业内数字技术应用情况，阐述了5G时代数据、设备特征，剖析了5G与云计算、大数据、区块链、人工智能等新兴技术融合后催生的业务场景，并研判了金融科技趋势性发展方向，更对新保险的崛起进行了前瞻性的探讨，其中的观点不一定能立即引起所有人的共鸣，却也希望能促进保险及科技从业者对保险科技未来发展的思考。

大鹏之动，非一羽之轻也；骐骥之速，非一足之力也。在5G与云计算、大数据、人工智能、区块链等新技术共同构成的万物互联的新时代，众安将依旧怀着精诚与感恩之心，与保险及科技从业者一起努力，探索科技与保险的深度融合，孕育新一轮深刻的行业变革，为保险科技的新时代树立更多的里程碑。

姜　兴

众安保险首席执行官

前　言

通信网络技术十年一次迭代，从底层基础设施自下而上地变革了社会与经济的信息传输方式、速率以及信息传播的广度，从而导致了宏观层面的范式转移。回顾通信技术的发展历程，3G 时代，互联网门户改变了人们获取资讯的方式；4G 时代，移动互联网的兴起使网络不仅是获取咨询的途径，同时也成为服务人们生活方方面面的重要载体；在 5G 时代，"万物互联"的实现将促进信息传输的载体更为多元化、信息传输的速率及传播广度将大幅提升，5G 作为支撑经济社会数字化、网络化、智能化转型的关键新型基础设施，在稳投资、促消费、助升级、培植经济发展新动能等方面潜力巨大。以 5G 网络为基础的一系列新兴数字技术的融合创新也将积极涌现，并通过产业间的关联效应，带动各行业扩大信息通信技术应用的投资，增强投资带动递增效应，将与人工智能、数据中心等数字基础设施一起，构建一个全社会广泛参与、跨行业融合创新的生态系统。基于该技术的创新范式也将在很大程度上开启又一新的篇章。

在我国，此次 5G 技术的迭代已引领了全球的发展节奏，从网络铺设、频谱分发到相关设备端的批量生产，均为我国发展基于 5G 技术的应用创新抢占了宝贵的战略机遇。特别是在金融领域，5G 网络及边缘计算等一系列技术的应用，可进一步实现核心金融业务系统的下沉，更好地深入传统金融业无法满足的空白区，加速推进金融普惠。倘若在政策指定的"试验田"中先行先试，不断培育可推广的成熟方案，那么基于 5G 技术的金融创新将极大概率在我国率先实现，并且有望为全球提供可借鉴的行业方案，促进我国进一步深化与其他国家、地区、国际组织在相关方面的紧密联系及沟通，基于5G网络形成金融科技全球治理体系，推动建立有利于新一代金融科技发展的国际新规则，提升我国在全球金融治理领域的话语权。

从经济价值的角度来预判，此次基于5G网络的金融科技创新，其适用范围不仅局限于对已有流程或展业模式的优化，也是促进宏观经济结构转型的催化剂，必将带来新的金融需求，并赋予金融机构崭新的方式去回应需求。从金融业的本质来看，金融业一直被视为信息密集型产业，信息传输的速率、途径、覆盖的广度对金融业的资源配置效率、金融市场的有效性和金融交易成本的降低等均会带来深刻的影响。此次5G技术的升级迭代，所带来的价值不局限在满足金融业对于信息传输的多重需求，更重要的是，该技术将支撑更多新兴产业的发展，并激发更为多元的金融需求，同时也为金融业回应以上需求而架构的新的风险管理流程、展业运营模式以及用户体验方案等维度提供网络技术支撑。

在5G全面商用伊始，我们认为基于5G技术的金融创新，将会在数据、设备以及应用场景这三大维度释放出巨大的经济价值，具体而言：

实时数据丰富风险经营方式。在4G时代，"数据智能"源于对海量的非结构化数据的分析，数据价值的商业转化过程较为烦琐，价值转化成本较高，而5G时代的数据更为实时和客观，价值转化效率更高。在5G时代，最为典型的现象是物联网应用以席卷之势为各类物品、生命以及空间赋予数字标签，从车间设备到智慧城市，借助智能设备，万事万物不仅以数据流的形式还原了实体世界，并且以广泛、稳定的网络连接逐渐让数据流形成泛在感知。相对于4G时代"互联网数据"所呈现的分散化、碎片化的特征，海量智能设备的日常运营所产生的事实数据具备实时、多维、保真等特征，可进一步降低金融机构与用户间的信息不对称，实现资金在个人、企业及政府之间安全高效的流动。可以说，实时数据在金融领域的应用不仅是对金融行业的局部提升，也将会是对金融业务的重新想象与重新构造。

特别对于保险业而言，基于实时数据的分析将提升保险过程中的风险防控，以主动风险服务的方式构建与用户间的链接，打破保险业"弱链接""被动服务"的属性，提升保险用户的获得感及安全感，凸显行业经济价值。实时数据的应用有望突破传统保险机构基于批处理的事后风险监控模式，打通线上、线下的交易风险处理流程，实现对全渠道风险管控的闭环，打造立体式防御体系。实时数据是事实数据，利用对事实数据的分析进行风险管理可以使得风险管理的策略更加适应真实的风险水平。面临行业的趋势性发展，保险业的风险管理部门需不断重新评估风险管理理念、流程及评价体系，修正原有评估结果以适应新的风险水平，而利用实时数据可以减少重新评估风险的环节，提高企业风险管理的效率。通过业务部门联合协作，采集客户线上、线下多渠道的交易行为，对客户交易进行多渠道的联合监控，从而主动识别异常交易，进行分析、判断与风险应对。

多元设备串联形成综合方案。自 3G 时代以来，智能手机在人们生活中的重要性日渐凸显，日常社交、线上购物、支付存储、共享出行等均依赖于手机的各项应用。相比之下，在 5G 时代，智能设备的多样性（5G 手机、智能家居、自动驾驶、AR/VR、可穿戴设备等）或将改变当前完全依赖于手机应用的局势，且智能设备之间的互联互通极有可能打破此前单品智能的"孤岛效应"，形成智能场景的聚合。例如：一个中控连接并控制多个传感器或感知器，实现设备间的数据交互、共享及智能决策，形成一个更大范围的智能空间（即智能生活），而非仅仅局限在某一特定领域

（出行或家居等）。

对于金融行业而言，智能设备的串联使金融业在更广地域、任意场景实时触达用户成为可能。在此基础之上，金融服务跨终端、多渠道的体验的延续性和一致性也将得到更好的技术保证。此外，设备的聚合与数据的互联共享也为金融机构快速识别用户的核心需求提供了支撑，让金融机构能够从全局考量，以系统解决方案而非单一产品方案解决用户"面"而非"点"的需求"痛点"，开发更多的市场空白领域，拓展更广阔的金融需求市场。

融合媒体交互场景即将兴起。在5G网络、人工智能等新兴技术的支撑下，"人与人""人与物""物与物"间的连接将融合语音、人脸、手势、生理信号、设备信号等多种形式，为人类打开更多的交互空间以及金融应用场景。回顾人机交互的历史，我们经历过电器设备旋钮或按键时代、键盘鼠标时代、智能触屏时代，交互体验比较被动且应用场景较为狭小，而在今天，高清视频用户交互、网络直播都已成为保险经营的新型交互方式。在5G时代，由于设备的多样性、场景的细分化和碎片化，从效率的角度出发，人机交互的方式极大概率将从单纯的视觉、硬件交互（即触摸屏等）转化为与智能助手（或"智能体"：基于语言理解的新一代搜索系统）的多感官综合的交互（即语音、AR/VR、触屏等综合交互方式），人机交互有望从"不平等"的单项被动式的交互演变成借助于多元化智能设备的"多感官"交互。多通路、全链路、多角色、去中心或将成为交互设计的发展趋势。

从技术层面来看，"智能体"的核心是语音交互，因为语言是人类独有的，是人类思维的载体，也是人类最为古老且自然的交互方式。语音交互的优势在于响应速度、解放双手、情感传递，语言的直觉性也能让用户更易掌控相关应用。但语音交互并不能适应任意环境，如嘈杂街道或私密场合等，然而触屏、文字交互等补充了语音交互的不足之处，"多感官"交互大概率成为未来交互的主要形式。

从应用场景来看，"多感官"融媒体交互可被应用于金融教育、客户服务及电销较为复杂的金融产品，相对于当前的智能客服应用体验更好、经济价值更高。金融机构可依据业务或产品的本质属性，对"智能体"的话术、语音语调以及其他社会属性（如更具权威性或更具同情心等）进行选择，让交互体验无限逼近于自然环境，提高用户的参与度，逐步建立起信任，并在金融机构框定的情境、具体需求之下，将"智能体"应用于多个环节，推动金融服务"无处不在、无微不至"，为市场主体和人民群众提供更便捷、更普惠、更优质的金融产品与服务。

总体来看，此次基于 5G 网络的金融科技创新将实现经营模式以及业务流程的重构，使得核心金融业务能够不断下沉，降低资金融通的边际成本，开辟触达客户的全新途径，推动金融机构在盈利模式、业务形态、信贷关系、渠道拓展等方面持续优化。当前，我国金融业的各类市场主体在科技能力、创新动力、人才队伍、体制机制等方面仍有待优化的空间，并且尚未形成具有国际影响力的金融科技生态体系，缺乏以战略引领的超前研发布局，适应金融科技发展的基础设施、政策法规、标准体系等均亟待研究及完善。

"知行之为合一并进"，借由此书，我们重点探讨了新基建时代金融保险行业的数字化转型的战略机遇，探索了 5G 网络有望为金融及保险业的发展带来的更多可能性。更为重要的是，此次技术发展红利的窗口期现已开启，要抓住此次战略发展机遇，与更多的商业伙伴密切合作及跨界创新，以更快的需求应答速度、更低的创新验证成本加速推进数字化转型，打造多方共赢的产业生态。众安一直践行技术驱动发展之路，积极地促进新兴技术的快速转化并将其应用于保险运营的各个环节，已积累了丰厚的技术转化经验。当下，面临着此次新基建的战略机遇，众安坚信通过充分利用此次新兴技术的效能，将填补原有的市场需求空白、解决服务响应难题，并将大概率进一步促进保险行业的数字化升级转型。众安十分期待与行业携手奋进，通过科技创新、通过互联网让更多的人拥有保险，让天下保险更温暖。

最后，由于本书编写时间有限，书中难免有错误和疏漏之处，敬请有关各方及广大读者提出批评和建议，以便在适当时机进行修正。

众安保险常务副总经理，博士

王　敏

目 录

第1篇   5G 时代，金融科技新路径 /1

第2篇   5G 时代的数据、设备及场景 /53

第 1 篇

5G 时代，
金融科技新路径

第 1 章

从 3G、4G 到 5G，从数据、
设备到场景的变迁

　　历次信息通信技术的迭代升级深刻改变着知识或信息传递的速率及范围、处理的速度及广度、决策的效率及精准度，从而影响了金融业这一知识密集型产业的展业方式、风险经营理念和运营模式，以及产品服务体系的构建。近年来，为了获得更大的竞争优势，金融业对科技研发或应用保持持续的投入已成为行业共识，金融科技蓬勃兴起，成为业内发展的一大亮点。信息通信技术在金融业的落地应用所产生的巨大经济价值，如业务运营能力的成倍数提升、运营成本的快速下降、精准营销触达等，已持续得到见证。在 5G 时代，信息传播的通道、速率及覆盖范围的变迁，也必将改变金融"信息中介"的连接方式，该行业的数据、设备及场景也将呈现出 5G 时代特有的技术色彩。

1.1　数据源：从线上化、信息化到智能化的变迁

1.1.1　数据源线上化，开启数据新征程

基于 2G 网络技术的门户网站的兴起，使线上阅览新闻、发表言论逐

渐成为公众的日常习惯，可以说，该技术在全社会的普及开启了数据线上化的新征程。1994 年，NCFC 工程通过美国 Sprint 公司连入因特网的 64K 国际专线开通，实现了中国与因特网的首次全功能连接，标志着我国互联网时代全面开启。同年，中国科学院高能物理研究所设立了国内第一个 WEB 服务器，推出了中国第一套网页。1995 年，随着新的通信技术成熟，国内也正式进入了 2G 通信时代。从应用场景角度来看，2G 网络技术不支持直接传送，需通过电子邮件等传送信息，而最早的文字简讯也由此开始。2G 具备高度的保密性，系统的容量也在增加，从这一代开始，手机也可以上网了，不过人们只能浏览一些文本信息。第一款支持 WAP 的手机是诺基亚 7110，它的出现标志着手机上网时代的开始，而那个时代 GSM 的网速仅有 9.6Kbps。

尽管在 2G 时代，浏览内容和速度都有限，但是互联网跨越了地理的限制，为信息在全球范围内自由流动提供了新媒介，也因此带来了互联网用户与终端设备的迅速扩张。根据 CNNIC 的调查报告显示，1997 年到 2003 年间，中国上网计算机总数从 29.9 万台上升到 3089 万台，互联网用户也从 62 万人迅速增加到 7950 万人。同时期通信技术的升级，逐渐改变了所有人的上网方式，在 1997 年，75% 的用户使用拨号上网，网速慢、费用高是当时网民面对的普遍问题，到了 2003 年，尽管拨号上网仍属主流（50% 用户），但宽带网络已进入市场，并开始获得越来越多的用户青睐（18% 用户）。同时，根据 CNNIC 的 2003 年用户调研显示，用户上网的地点在同一时期也逐渐转向家中，越来越多的家庭接入互联网，用户逐渐开始使用个人时间进行网上活动，这为后期针对 C 端的个人服务（比如网购）的兴起奠定了重要的基础。

随着 2G 技术的发展，金融行业也逐步投入互联网的浪潮。在 1990 年，我国银行业已实现了省市级主机在区域、城市和不同银行之间的联网，使得异地、跨行通兑更为便捷。在 1993 年，自动柜员机（ATM）开始被广泛应用于各个分支银行网点，同时以电子信息转账形式作为货币流通媒介的"金卡工程"也开始实施。1997 年，金卡工程首批 12 个试点省、市全部实现了同城跨行 ATM/POS 联网运行和信用卡业务联营。1999 年 9 月 1 日，工商银行"9991 工程"启动，成为我国"数据大集中"的里程碑工程。2000 年中国银行业全部开始实施"数据大集中"。所谓"数据大集中"就是把各个银行省级数据中心的业务数据集中到国家级单一数据中心，实现数据、应用和信息系统基础架构的集中，使总行能够实时记录并真实掌握每一个账户的每一笔交易行为。由此，国内银行业业务支持、风险控制、基础设施建设维护和业务创新的能力跨上了更高的台阶。在"十一五"规划接近尾声时，各大商业银行、全国性股份制银行基本完成了包括核心交易系统在内的各业务系统的集中。

互联网化对券商的影响也相当巨大。1990 年 12 月，上海证券交易所成立，1991 年 7 月，深圳证券交易所成立。两大交易所成立后，我国股票交易进入场内集合竞价、集中交易阶段。由于上海证券交易所与深圳证券交易所在各个主要经济体的证券交易所中设立时间较晚，得以在成立之初就借鉴国际证券交易所的先进经验。如交易指令通过计算机自动输入、交易所系统自动撮合成交等先进的交易模式从一开始就得到了应用。证券公司通过统一的电子系统从事经纪业务，客户在证券公司营业部下单，相关交易指令可通过证券公司的系统传递到交易所，完成交易。由于存在远程交易的需求，且互联网技术和互联网应用在 20 世纪 90 年代中后期得到了飞速发展，在此背景下，证券公司开始尝试通过互联网远程下单交易。我国最早的证券公司网上交易下单系统出现于 1997 年，中国华融信托和闽发证券首先开通了网上证券交易业务。此后，又有部分券商开通了网上证券委托（图 1-1）。

保险业作为最早"触网"的行业之一，早在 1997 年即推出了我国第一家保险网站——中国保险信息网（www.china-insurance.com）。开网当天，

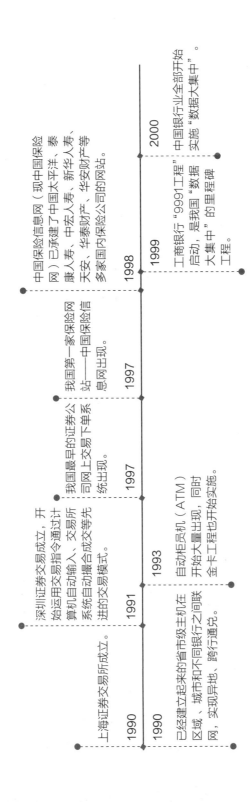

图1-1 2G时代金融行业加入互联网浪潮的历程

资料来源：众安金融科技研究院整理

新华人寿保险股份有限公司通过电子邮件的方式接收投保邮件并进行承保，北京一位高校医生顺利完成了我国第一张在线投保的保单。1998 年，中国保险信息网（现中国保险网）已承建了中国太平洋、泰康人寿、中宏人寿、新华人寿、天安、华泰财产、华安财产等多家国内保险公司的网站，开启了保险机构建立门户网站的风潮。

在 2G 网络时代，金融企业信息逐步实现了电子化、线上化，但因建设成本、用户基数等因素制约，社会普及度依然有限，随着 3G、4G 网络技术的发展，各行各业产生、存储及可分析的数据越来越多，进一步推进了信息化、智能化的发展进程。

1.1.2 数据源信息化，拓展数据新内涵

相对于世界其他主要经济体，我国 3G 网络的建设起步相对较晚。我国工业与信息化部于 2008 年年底首次发布了 3G 牌照，截至 2012 年年底，我国 3G 基站总数达到 104.1 万个，同比增长 27.9%。国家在"十一五"规划中明确提出了"信息化带动工业化"的战略目标，在此指引下，中国企业的信息化建设步入了全新的发展阶段。而在此背景下推动 3G 网络的商业化进程，成为 3G 网络助力"信息化带动工业化"的重要使命。

与 2G 时代不同，在 3G 网络时代，由于移动网络带宽的成倍提高，基于移动网络技术的金融应用场景有了更大的想象空间，基于结构化数据的应用范围更加广泛，商业智能成为各行各业急于打造的战略高地，同时，大数据也逐渐发展成为商业社会争先追捧的新兴技术，基于大数据的人工智能算法也在这个时代成为媒体追逐的热点。与 2G 网络技术相比，在 3G 网络技术支撑下，数据产生与沉淀、运算与分析以及应用场景等方面均呈现出不同的特征。就数据获取方式而言，市场需求促进了互联网企业如同雨后春笋般兴起，覆盖了如网络购物、共享出行、餐饮外卖、房屋租赁等社会服务的各个领域，在各个细分领域中构建了沉淀结构化数据的基础。

在 3G 时代，数据特征的变革不仅仅体现在量级的增长，在数据维度方面，3G 技术能够在全球范围内更好地实现无线漫游，并处理图像、音乐、视频流等多种媒体形式，提供包括网页浏览、电话会议、电子商务等多种信息服务；在数据算法方面，人工智能算法商用的可能性越发明显。深度学习开始带动人工智能的跨越式发展，并在语音识别、图像识别等领域取得突破，而海量的数据和高效的算力支撑是深度学习算法实现的基础，3G 技术的发展使得数据源更加多样和丰富，从而支持深度学习的推进，带动人工智能的快速发展；在应用场景方面，由于数据多维度、高密度以及高频率的积累，使得多个应用场景能采用更精细的营销策略。例如 LBS（Location Based Service）即基于移动位置的服务，它是借助移动互联网获取移动终端用户的位置信息，在 GIS⊖平台支持下为用户提供的一种增值业务。LBS 为用户信息增加了新的标记维度，通过时间序列、行为轨迹和地理位置的信息标记组合，帮助用户与外部世界创建更加广泛和密切的联系。但是，在 3G 时代，人工智能技术更多用于细分领域的试点，仍未在全领域广泛实现商业应用。

4G 技术的发展推动了互联网金融的发展。传统商业银行虽然累积了大量的数据，但还需要较强的场景数据的积累以及数据分析及处理能力。4G 网络技术的发展为移动互联网的兴起提供了强有力的支撑，各类基于移动互联网的场景应用纷纷崛起，为互联网金融构建场景应用、场景生态提供助力，也为传统商业银行如何实施场景营销带来了新的商业灵感。

随着互联网的广泛普及，电子商务得到了飞速发展，网购行为逐步被培

⊖　GIS 即地理信息系统（Geographic Information System）。地理信息系统是以地理空间数据库为基础，在计算机软硬件的支持下，运用系统工程和信息科学的理论，科学管理和综合分析具有空间内涵的地理数据，以提供管理、决策等所需信息的技术系统。

育起来。对于保险业而言，真正的发展拐点在于《电子签名法》的正式实施，其为保险的线上化发展打下了基础。在网络交易中，人们通过计算机网络以数据电文的方式传递交易信息，并采用电子数据"签名"技术作为保证网上交易安全的重要手段。为了规范电子签名行为、确立电子签名规则以及保证电子签名的法律效力，我国于 2005 年颁布了《中华人民共和国电子签名法》（简称《电子签名法》，后同），明确电子签名与传统手写签名和盖章具有同等的法律效力，让参与网络交易的各方合法权益能够得到充分保护。就具体保险业务而言，在核保、出单、理赔和保全等过程中都离不开投保人签名。此前，在电子签名技术尚不成熟、法律尚不认可的情况下，网络保险只能在线上提交投保单，随后进行线下核保、支付及出单，以此完成整个投保流程。但如果在网络保险业务流程中可以启用电子签名，保险公司就可以为投保人提供并发放电子化的保险合同，从而实现业务流程的线上化。2005 年 4 月 1 日，在《电子签名法》正式实施的当天，我国第一张电子保单也应运而生，客户在线选购产品、支付保费后，系统自动制作合同，用户签名后向系统用户发放电子保单。事实上，《电子签名法》的正式实施，解决了保险电子保单中电子签名的法律效力问题，进一步推动了保险业务的在线化。

1.1.3　数据源智能化，引领数据新方向

金融行业拥有敏锐的时代嗅觉，每一次与新技术的融合，都带来了成本的大幅下降和流程便捷性的大幅提升。经历了线上化时代、信息化时代，金融业从线下走到线上，并迅速拥抱移动互联网，服务体验在迭代中快速改善。但难以获得丰富、实时的用于风险评估、产品定价的数据，始终是困扰全球金融业的难题。

在智能时代，以5G、大数据、人工智能、区块链、云计算为代表的新技

术，为解决此类难题创造了新的可能。"数据智能"是百度公司在 2014 年提出的概念，百度对数据智能的定义，指基于大数据引擎，通过大规模机器学习和深度学习等技术，对海量数据进行处理、分析和挖掘，提取数据中所包含的有价值的信息和知识，使数据具有"智能"，并通过建立模型寻求现有问题的解决方案以及实现预测等。2018 年 10 月，第五届中国国际大数据大会上发布《2018 年数据智能生态报告》提出，在机器学习、分布式计算等技术发展的基础上，数据逐渐呈现出高维度、高阶态、异构性的形式。该报告把能够对海量数据进行分析、处理和挖掘，并且通过建模、工程等方式来解决实际预测问题，最终实现决策的行动称为数据智能。

数据智能是一个跨学科的研究领域，是推动数字化转型不可或缺的关键技术。它结合大规模数据处理、数据挖掘、机器学习、人机交互、可视化等多种技术，从数据中提炼、发掘、获取有揭示性和可操作性的信息，从而为人们基于数据制定决策或执行任务提供有效的智能支持。如果将数据视为一种新的"石油"，那么数据智能就是"炼油厂"。数据智能通过分析数据获得价值，将原始数据加工为信息和知识，进而转化为决策或行动。近年来数据智能的重要性越发凸显并取得了快速发展。数据智能技术赋予我们探求数据空间中未知部分的能力，在不同领域里孕育出巨大的机会。众多基于互联网的新型业务，包括搜索引擎、电子商务以及社交媒体应用等，就建立和运作在数据智能的基础之上。

大数据为数据智能化提供了基础资源。为了支持数据智能化所需的大规模数据处理与分析任务，全新的数据存储系统需要能够容纳和支持高效数据吞吐，并具备高可伸缩性和高容错性。传统的数据库面向交易型需求而设计，无法满足大数据统计分析类的查询需求和应用，大数据系统则更加强调读写效率、数据容量以及系统的可扩展性。具体来说，将数据分割成块，并将每块复制多份后分散到不同的物理机器上存储，用冗余的数据块来防止因个别机器损坏对数据完整性造成的影响。数据的冗余保存不但提高了系统的可靠性，同时也可以提高系统在数据读取时的性能。另外，为降低成本，现代的大数据系统运行在价格相对低廉的普通服务器上，这些机器通过高速网络连接，实现高效的数据传输。此外，基于流（streaming）的计算模型的开发有力支持了不断更新变化的大数据应用。流计算模型每触发一个数据事件就进行一次处理，以确保实时更新。2018 年 10 月底，IBM 宣布以高达 340 亿美元的价格收购开源解决方案供应商 Red Hat，成为全球领先的混合云提供商，而亚马逊、微软、阿里巴巴等云计算巨头早已将计算、存储、网络资源和应用软件（大多来自开源社区）作为在线云服务来提供。Anaconda 产品和营销高级副总裁 Mathew Lodge 指出，大数据的中心已经从 Hadoop⊖转移到了云端，在云环境下的对象存储系统（如亚马逊 S3、微软 Azure Blob Storage 和谷歌 Cloud Storage）中存储数据比在 HDFS⊖中便宜了 5 倍。

　　人工智能助力掘金数据资产，进一步探索数据智能化。大数据为数据智能化发展提供了基础资源，当前业界最为普遍的算法理念就是基于大数据的：通过计算找寻大数据中的规律，对具体场景问题进行预测和判断。想要训练出成功的人工智能算法，需要强大的算力和大量的数据，其中最重

　　⊖　Hadoop 是一个由 Apache 基金会所开发的分布式系统基础架构，用户可以在不了解分布式系统底层细节的情况下开发分布式程序，充分利用集群的威力进行高速运算和存储。

　　⊖　HDFS 是一个高度容错性的系统，适合部署在廉价的机器上。HDFS 能提供高吞吐量的数据访问，非常适合在大规模数据集上的应用。HDFS 放宽了一部分 POSIX 约束，来实现流式读取文件系统数据的目的。HDFS 最开始是作为 Apache Nutch 搜索引擎项目的基础架构而开发的。HDFS 是 Apache Hadoop Core 项目的一部分。

要的就是数据量要足够大。除了数据量足够大,大数据还需要经过采集、清洗、标注等处理后才能够作为人工智能算法模型的训练输入,但目前在实际应用中,数据流通不畅、数据质量不高和数据安全风险等问题仍然极大地制约着人工智能的发展和应用。大数据与人工智能技术的完美结合有望共同驱动数字经济发展,或将成为新的热点和大趋势。对数据智能的信息化落地,业界一般称之为**数据智能平台或数据中台**。阿里巴巴数据中台战略在 2015 年首次提出,旨在对内提供数据基础建设和统一的数据服务,对外提供服务商家的统一化数据产品。阿里巴巴数据中台基于 OneData 体系建立的集团数据公共层,从设计、开发、部署和使用上保障了数据口径的规范和统一,实现数据资产全链路管理,并提供标准数据输出。基于阿里巴巴数据中台输出的"生意参谋",是阿里巴巴首个统一的商家数据产品平台,为中小企业和商家提供数据披露、分析、诊断、建议、优化、预测等多项数据服务。另外,百度公司的百度数智平台也提供大规模机器学习、深度学习、数据分析及展现、数据应用等产品与服务,包括了大数据基础产品和大数据应用产品两大类,大数据基础产品包括大数据传输产品 Minos、数据工厂产品 Pingo、数据治理产品 Dayu、数据分析与开发产品 Jarvis、大数据可视化产品 Habo 等,大数据应用产品包括百度智客、百度觅客、百度汇客、百度客情、百度商情等,百度公司将其数智平台定位为人工智能时代的企业数据管家,服务公司内部和各行业合作伙伴。可以看出,以上代表性企业建设数据智能平台或数据中台的意义主要在于:一是帮助企业管理好内部现有的数据资产,即数据资产管理;二是为企业提供基于大数据的预测分析产品,即人工智能服务。数据资产管理的目的是准备和提供高质量的数据给人工智能应用,对数据的规范化和标准化是企业实现基于大数据提供智能化服务的关键,也是决定大数据价值实现的基础。

随着大数据的应用进入下半场,人工智能已然在各个领域逐步实现商业化，现有的大数据技术亟须和人工智能技术结合，孕育新的数据智能化产业生态，从百度、阿里巴巴和中国联通等企业的做法可以看出，向数据智能型企业转型正在成为大型科技企业新的行动方向，阿里巴巴提出的"大中台、小前台"的做法已经成为业界主流的数字化转型思路，企业通过建设数据智能平台或数据中台，打破内部数据壁垒、盘活数据资产、提升数据价值，对外提供统一的智能化数据服务，有望再次重构大数据产业生态环境，进一步深挖和释放大数据的价值红利。

数据智能技术正在重塑传统的商业分析和商业智能领域。根据 Gartner 的调研，一种新的"增强分析"的分析模式正在颠覆旧有方式，预计在几年内将成为商业智能系统采购的主导驱动力。这种"增强分析"模式正是由数据智能技术赋能，提供了自然语言查询和叙述、增强的数据准备、自动的高级分析、基于可视化的数据探索等多种核心能力。依靠金融科技的驱动，科技可以拓展金融服务的边界，为普罗大众提供更好的金融服务、满足更加细微的金融需求。2017 年 7 月，国务院印发《新一代人工智能发展规划》，将智能金融上升到国家战略高度，明确提出将建立金融大数据系统，提升金融多媒体数据处理与理解能力，明确创新智能金融产品和服务，发展金融新业态，并鼓励金融行业应用智能客服、智能监控等技术和装备，同时，提出建立金融风险智能预警与防控系统。对整个金融行业而言，风险经营是行业的核心竞争力，结合大数据分析以及央行征信数据，已经被证实可以有效提升风险区分度。当然，不仅是信贷业务，智能金融带来的变化辐射金融全业务，对理财、资产管理等领域也将产生深远影响。未来的理财产品，不需要再为"某些"客户提前设计，而是针对"某个"客户实时设计，实现产品服务的个性化。

全面数字化时代，"数据、标准、技术和场景"是数据中心智能化运维体系建设的核心要素，金融机构可以依托服务流程体系和 IT 连续性体系、利用大数据、人工智能等新技术，实现数据的集中管控，构建以监、管、控、防四大平台为支撑的新一代"服务化、数字化、平台化"运维服务体系。数据智能研究契合当今大数据时代各领域、各行业从数据中挖掘、实现价值，进行数字化转型的迫切需要，在近年来得到了充分重视，发展迅速。随着数据智能在更多领域的落地和发展，新的应用和场景、新的问题和挑战将进一步激发和驱动数据智能研究保持强劲的发展势头，迈向更高的层次。展望未来，数据智能技术将朝着更自动、更智能、更可靠、更普适、更高效的方向继续发展。

1.2　设备端：从单一的用户触达到多元化的用户触达

从 2G 、3G 至 4G，随着通信技术的升级，相应的终端设备也不断地推陈出新，移动互联网从无到有，逐步发展并渗透到人们生活的方方面面。2G 实现了从模拟时代走向数字时代，3G 实现了从语音时代走向视频时代，4G 实现了速率大幅提升的移动互联网化。5G 最大的改变是从人与人之间的通信走向人与物、物与物之间的通信，实现了万物互联。从 2G 时代的功能机，到 3G、4G 时代的智能机，再到现在的 5G 手机、智能家居，设备也伴随着通信网络的迭代不断推陈出新。已经来临的 5G 技术将会通过手机等众多智能设备，改变我们的生活方式，产生长久深远的影响。回顾通信网络的历次迭代，设备端一直以来都是机构触达用户的重要方式，它不仅承担了流量入口的作用，更是决定这一时代服务方式和触达方式的基础。

1.2.1　2G —— 通话短信功能为主

第二代手机通信技术（2G）有效地将人类从模拟通信时代带到了数字通信时代，并引入了被叫和文本加密，以及短信、彩信等数据服务。人们开始逐渐接受短信这一沟通方式，在节日向朋友发送祝福短信成为习惯。2G 时代后期又加入网络服务，但速度较慢，通用分组无线业务（即 GPRS 网络）的 2G 网络最大网速仅为 50 Kbps，增强的 GSM 数据速率（即 EDGE 网络）最大网速也仅为 1 Mbps。第二代数字移动通信克服了 1G 时代模拟移动通信系统的弱点，语音质量、保密性得到了很大提高，并可进行省内、省际自动漫游。但由于第二代数字移动通信系统带宽有限，限制了数据业务的应用，实际的网速严重低于理论水平。

2G 时代初期的手机终端并不具备上网功能，只有通话及短信这种简单的传输功能。在后期出现 GPRS 网络及 EDGE 网络后，才开始逐步出现具有上网功能的手机。这一时期人们上网的终端主要是 PC 机，手机仅能浏览一些简单的网页。

在这一时期，受网速的限制，2G 手机打开网页的速度很慢、体验较差，此时兴起了一批为 2G 手机特制的网页，即 WAP 版网页。这类网页取消了大量的图片元素，主要以文字为主，以适应 2G 网络环境下的传输速度。在这一时期，用户上网行为习惯处在形成阶段，在互联网初期，上网活动以浏览门户网站、BBS 和网上聊天为主，用户上网的目的主要集中在获取信息和休闲娱乐（32.2%）。1999 年美国新兴支付平台——Paypal 的诞生和 2004 年我国支付宝的出现都是这一阶段金融创新的标志。Paypal 和支付宝可以看作是科技对传统金融的颠覆性创新，是第三方支付的先驱，也是信息技术通过互联网产生的独立的新金融业态，信息技术由传统的工具角色开始提升为驱动金融变革的力量。

这一阶段，信息技术对具体的保险领域的促进作用主要表现为保险公司通过官方网站等形式提升宣传效率。我国的有线网络和移动网络相较于国外都起步较晚，尽管在这一时期用户上网的金融目的只占了很低的比重，以前面提到的中国保险信息网来看，虽然用户触达方式比较单一，但我国的保险业与互联网的融合一直都在进行之中。

1.2.2 3G —— 智能手机崭露头角

第三代移动通信技术（3G），指支持高速数据传输的蜂窝移动通信技术。3G 支持同时传送多媒体信息，速率一般在几百 Kbps 以上。相比 2G，3G 可以实现无线通信与互联网更高效的结合，处理图像、音乐、视频流等各类媒体形式，提供包括网页浏览、电话会议、电子商务等多种信息服务。从这时起，人们的沟通方式从依赖电话短信，开始向微信等网络即时通信软件转变。

3G 网络的网速为智能手机的出现打下了基础。2007 年，苹果推出第一代 iPhone 及 App Store，从此手机不再局限于传统功能，而是开始成为以应用软件（App）为核心的多功能终端，大屏触控智能机开始登上历史舞台。在智能手机初探中国市场的时间节点，三星、诺基亚、HTC 等品牌优势巨大，而中国 2G 时代的功能机品牌科健、波导、海尔等相继淡出市场，国产的中兴、华为、酷派、联想等品牌开始活跃在手机市场上。3G 通信标准将信息传输速率提高了一个数量级，这一飞跃使 3G 时代成为真正意义上移动互联网的开端，从此打电话的功能退居次席，而上网成为手机的主要功能。

网速的提升为语音、图片内容的传输奠定了基础。深耕即时通信社交领域的腾讯于 2011 年 1 月发布微信。这款主打即时通信的应用程序契合 3G 时代的特点，可以发送文字、语音、图片、视频等，一出现就借助 QQ 的天然优势迅速推广，逐渐发展成为国民级软件。瞄准信息即时分享的新浪于 2009 年推出微博，以文字、图片、视频等多媒体形式，实现信息的即时分享、传播互动。微信和微博的成功正得益于 3G 时代的移动互联网红利，在这一时期，包含大量声音、图片的各类应用程序成为最主流的应用方向，音乐、导航、购物、社交等各领域的 App 纷纷出现，BATJ（百度、阿里巴巴、腾讯、京东）等互联网巨头也开始在消费者手机阵地上争夺客户，网络购物、网上支付和网络旅行预订等服务逐渐被越来越多的用户接受。移动互联网摆脱了过去以娱乐属性为主的特点，开始具备越来越多的服务属性。

在这一时期，专业保险中介开始涉足互联网销售。2006 年，全国首家以网络保险经纪人为定位的第三方保险电子商务平台慧择网成立，慧择网主打"互联网保险超市"的概念，通过推出全国首家保险产品对比系统，帮助用户更好地挑选产品。2007 年慧择网与阳光财险进行系统对接，首次创立保险第三方平台与保险公司后台系统对接模式，确保数据能实时传输至保险公司。2011 年，慧择网与 30 多家保险公司达成合作，平台可以提供 500 多款保险产品，购买用户超过 70 万。保险中介的互联网化发展不仅标志着保险行业信息化程度的提升，也预示着一个拥有巨大潜力的市场正在成形。同时，保险公司也开始重视移动互联网渠道的宣传工作，险企纷纷开通官方微博、官方微信公众号，积极拥抱移动互联网，进行品牌宣传。

1.2.3　4G —— 移动互联时代开启

4G 通信技术是在 3G 通信技术基础上不断优化升级、创新发展而来，融合了 3G 通信技术的优势，并衍生出了一系列自身固有的特征。4G 使用户能够以 100Mbps 以上的速度下载，比家用宽带（4M）快 25 倍，并能够满足用户对于无线服务的几乎所有要求。4G 通信技术的创新使其与 3G 通信技术相比具有更大的竞争优势。首先，4G 通信在图片、视频传输上能够实现原图、原视频高清传输，其传输质量与 PC 机的播放画质不相上下；其次，利用 4G 通信技术下载文件、图片、音视频的速度最高可达到每秒几十兆，这是 3G 通信技术无法实现的。

4G 时代的开启为移动互联网的发展奠定了基础，手机、平板电脑、智能手表等各类移动终端设备开始普及，手机成为接入互联网第一大终端，移动互联网的发展真正进入全民时代。同时，网速的提高使手机具备了更多的社交属性，拍照分享、拍视频分享成了好友间分享信息的重要途径，进而也带动了手机的屏幕、摄像头、传感器等各种硬件规格的不断提升，使 4G 手机成为功能强大的移动智能终端。

4G 时代网速加快的同时，监管部门本着"让利百姓"的宗旨，不断推动运营商提速降费，这让用户越来越不满足于仅仅依靠文字和图片获取信息，视频类软件开始受到欢迎。爱奇艺、优酷等传统 PC 端视频厂商开始重视移动端并不断优化 App 的体验，开发适合移动端的优质内容。随着时间的推移，抖音、快手等短视频类软件因为更符合快节奏的用户需求，且兼具社交属性，开始登上历史舞台。

4G 造就了以智能手机为核心的移动互联网时代，移动互联网则拓展了用户连接互联网的范畴，实现了随时随地的连接。在这些新技术、新应用的推动下，保险业的展业前端也产生了新的变化，精准营销、O2O 模式、社交传播、流量也逐渐成为保险业熟知的行业新词语。各类保险 App、微信公众号、小程序的大量出现，成为行业创新的新亮点，为保险营销开辟出一片新天地，保险业掀起了一场"指尖上的革命"。保险公司纷纷推出直营 App、移动展业 App 等后，又积极推出小程序，借助微信这个社交软件中最大的流量入口推广产品。例如众安保险推出的航空延误险小程序，借助微信的流量禀赋有效地触达用户。当用户到达机场这个特定的线下场景时，在智能手机上快速搜索，便可找到满足当下保险需求的产品，此种方式将线上的保险场景和线下的机场场景进行了融合，更高效、快速地触达了用户。

1.3 场景化：从粗放化、精细化再到领域智能的演进

1.3.1 互联网红利逐渐耗尽，场景竞争白热化

移动互联网作为一项底层技术对当前金融领域竞争格局的形成起着至关重要的作用。回顾此前的发展历程，从跑马圈地式的"互联网流量竞赛"到对互联网场景入口的争夺，金融机构从对用户数量的粗放式管理，再到对用户按特征分类的精细化管理。直至今日，移动互联网红利几乎耗尽⊖，而 5G 商用的到来使得领域智能应运而生。

5G 技术的商用催生了新一代移动设备端的发展需求，也将引领用户流量新的迁移，进而带动领域智能的蓬勃发展。可以看到，金融机构对移动互联网的技术特征的理解和对 5G 技术创新机制的认知，一定程度上决定了金融机构把控技术周期红利的能力，构成了其取得阶段性竞争优势的基础。

我国的有线网络和移动网络相较于国外都起步较晚，2G 时期的互联网发展步伐缓慢，金融机构对互联网的应用也仅仅局限于用网页宣传自己的公司。在 3G 时代，金融行业着眼于借助资本力量，以低成本获取网民流量。在这一依靠网民数量红利的时代，流量竞争是互联网影响金融领域的主要方法。到 4G 时代，金融机构转而构建场景，拦截场景入口。经过了流量竞争的时代，金融科技市场开始呈现出"存量博弈"的发展特征，同质化的线上

⊖ 现如今，移动互联网技术已步入技术生命周期的成熟阶段，设备端同比增长放缓，移动互联网月活用户规模下降，人单日上网时长增速平缓。依据 QuestMobile 数据显示，我国 2019 年二季度移动互联网月度活跃用户规模从 11.38 亿下滑至 11.36 亿，移动互联网月独立设备数逼近 14 亿台，互联网人口红利天花板已至。此外，互联网时长红利也消失殆尽，用户日均上网时间从 3 月的 349.6 分钟增长至 358.2 分钟，取得了新高，但增速放缓，时长增速从 11.8% 降至 6%。

体验比比皆是，市场需求早已被过度满足。在此背景之下，倘若商业机构想要"破局"改变市场的竞争格局，就需要将经营思维的重点放在用户价值的创造上，持续深化对于用户需求的理解，而不是继续圈地式地拉拢用户，才能成功地将战略方向从"流量竞赛"转化为"价值创造"。

"价值创造"策略的实施需要企业基于自身资源禀赋，致力于对用户需求的挖掘与满足，进而占据战略高地。一般而言，具体策略就是借助各类 App 端口在社交领域的巨大用户规模做"连接器"，在此社群用户的基础上为用户接入高频需求的场景入口，满足用户的购物、交通、日常缴费等需求。

1.3.2　技术迅速演进，推动领域智能的实现

随着 5G 和人工智能技术的演进，金融机构重获了类似移动互联网的竞争工具，这也将重塑当下金融领域的商业格局。从战略发展的角度来看，在 5G 时代，随着技术的演进及数据和知识的积累，人工智能有望从场景智能上升为领域智能。在计算机领域，自然语言处理（Natural Language Processing，NLP）就是研究能实现人与计算机之间用自然语言进行有效通信的各种理论和方法。NLP 的技术进步使机器有望胜任从文章中抽取所需信息，并根据抽取信息进行问答和判断等工作。这些技术在金融、医疗等领域的运用，不仅能够进一步提高相关企业的运营效率，更会增加领域智能实现的可能性。具体而言，实现路径如下：

首先，NLP 技术可以助力企业实现人工智能技术与操作自动化（Robot Process Automation，RPA）的有机结合。目前的操作自动化只能完成重复性任务，借助 NLP 技术，将为 RPA 解决非标准化数据的处理及完成复杂任务提供可行路径。

其次，NLP 的技术突破，为商业化落地提供了可能。过去几年，NLP

研究取得了几个重要突破。2018 年谷歌发布的 BERT 预训练模型，实现了迁移学习。初创企业利用 BERT 模型，能够大大降低运用 NLP 技术的成本。过去一年，NLP 算法的准确度也不断提高，2019 年 3 月，在斯坦福大学 SQuAD 机器阅读理解测试中，科大讯飞团队的模型首次在精确匹配、模糊匹配中全面超过人类水平。

再次，基于 NLP 技术的计算机的阅读理解功能已经在特定场景中开始发挥作用（图 1 - 2）。在金融、医疗、教育、司法等许多行业的日常工作中，存在大量需要阅读、理解文本信息的工作。虽然目前 NLP 技术还无法完全代替人类，但我们已经看到在特定场景下，NLP 已经可以起到明显的提升效率或辅助决策的作用。

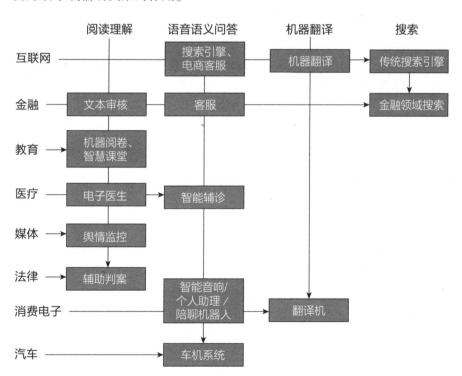

图 1-2　NLP 如何赋能各行各业

资料来源：中金公司研究部

　　最后，随着对话机器人与垂直行业的结合，算法公司逐渐找到了SaaS服务[○]等商业模式。在小米、格力的智能终端布局中，语音交互和对话机器人技术解决了人机交互的瓶颈，带动了智能音箱等硬件的销售；不少算法企业积极和行业结合，赋能电商客服、医院导诊、金融专业问答等业务，找到了各自的商业模式，无人银行运用智能问答机器人为用户办理业务就是很好的印证。

　　一方面，NLP技术的发展为领域智能提高了算法能力，另一方面，传感器的感知能力为领域智能积累了数据资源。传感器是智能系统触达现实世界的媒介，能提取与人工智能系统任务相关的信息，如几何特征、属性、位置和速度。传感数据常与先验知识和模型一同进行处理和整合，来自各传感器和其他来源（包括计算云）的综合数据形成环境感知，为人工智能系统提供综合知识和世界状态的模型，并对感知对象的未来状态进行预测。此外，多个传感器的数据交流汇聚成智能体（系统）间的沟通，而不仅仅局限于单一场景下的智能系统的数据收集与分析。沟通机制的建立能帮助智能系统感知真实世界，进而有效、安全地在特定领域内规划和执行任务。

　　同时，在5G的低时延支持下，语音交互机器人能够理解用户下达的指令并做出有效反馈，帮助用户解决实时存在的棘手问题。在云端数据的支持下，未来的语音交互机器人将能够走出室内环境，通过与云端数据的交互，提升单个机器人的处理能力和存储空间，进而实现广域的数据共享和知识协作，让多个机器人相互产生协同效应，实现真正意义上的领域智能。

　　○ SaaS是Software-as-a-Service（软件即服务）。SaaS提供商为企业搭建信息化所需要的所有网络基础设施及软件、硬件运作平台，并负责前期的实施、后期的维护等一系列服务，企业无需购买软硬件、建设机房、招聘IT人员，即可通过互联网使用信息系统。

第 2 章

从数据、设备到场景的重构，
对于金融行业的启示

自下而上来看，5G 技术作为底层的信息基础设施，将对金融业的价值链产生深远影响，价值链将会更加细分化、专业化以及灵活化。金融机构可基于一个商业价值主张灵活地构建商业形态以快速满足市场的动态需求。具体来看，在 5G 技术的支撑之下，银行会将"支付、借贷、理财"等底层金融功能标准化并分享给与其共同搭建金融应用场景的商家，以间接接触金融消费者的形式实现组织结构的灵活化，应对日益变化的金融市场需求；消费金融机构则会以金融内嵌于生活场景的理念重构产品及风控体系；对于券商而言，5G 对其的赋能将体现在金融职能的每个运营环节之上，行业研究的智能化、实时动态化、客户服务的个性化以及业务交易的加速化均需要以 5G 进行重新定义。

2.1 开放银行兴起，API 等开放性技术对线上金融赋能

2.1.1 开放银行发展的背景

金融科技为银行展业带来新的启示

随着互联网技术的商业化，线上生活场景发展得更为丰富，涉及社

交、电商、金融等多个领域，互联网技术的便捷性与新颖性越来越被普罗大众广泛接受，全新的金融展业模式为传统银行展业提供了更多的启示。新兴金融科技机构利用大数据、人工智能等新技术优势，架构出更为便捷、灵活及高效的展业方式，简化服务流程，迅速积累了大批用户和良好口碑；传统金融机构尽管仍然负责最终的支付结算、清算、账户核算等核心职能，但直接面向客户的渠道流量明显下降，层出不穷的新兴场景变化对银行机构的挑战也越来越大，银行在金融科技的带动之下，展业方式正在发生重要的演进。

商业银行传统的单一物理网点渠道向多渠道拓展，渠道的多寡、完善程度以及运营效率，成为商业银行核心竞争力的重要内容。 传统的商业银行主要通过物理网点渠道开展业务，但是由于业务流程复杂、业务结构单一、业务授权有限、处理效率不高等问题，在追求高效多元的互联网时代，消费者需要到银行网点办理的业务越来越少。2018 年，银行网点改造数量近 1 万个，离柜率达 88.67%[⊖]。随着互联网新技术的普及，商业银行的主要渠道也逐步从传统物理网点渠道向电子渠道转变，多个渠道相互融合、互为补充，共同为客户提供更加多元化的金融服务。

场景衍生日益多元化，商业银行金融场景迎来新的变革与拓展。 新兴技术的快速发展使得新的商业模式和新的消费场景不断涌现。余额宝推出的心愿储蓄以及保险方面的航班延误险、退货险等场景化金融产品备受青睐。这种更加高效、便捷的金融服务使得客户可以更广泛地使用数字化服务。对商业银行而言，这既是挑战也是机遇：虽然银行在面对波诡云谲的形势时略显疲态，相对金融科技公司而言对场景化金融市场变化的反应速度略逊一筹，但在逐步适应互联网时代的过程中，商业银行也将借助日益丰富的场景迎来更为广阔的发展空间。

⊖ 数据来源：中银协《2018 年中国银行业服务报告》。

商业银行实现稳健可持续发展是核心要务

伴随信息时代的演进，新技术能力通常决定了一个行业的未来发展，而传统银行在新技术能力发展方面的步伐相对保守。

商业银行数字化转型以稳健运营为核心要务，敏捷运营模式的搭建仍有待逐步调整。在新信息时代，数据深刻影响着银行的未来发展，谁拥有庞大的数据资源，谁就有了话语权，未来金融业务的开展都将建立在数据的基础上。在数据存储方面，银行虽然累积了大量的数据，但是要实现低成本、低能耗、高可靠性的目标，通常要用到冗余配置、数据库分布化等技术。在数据处理方面，银行数据涉及的客户多，关联的场景广，有的数据涉及上百个参数，难以用传统的方法描述和度量，从如此多的数据中找到有价值的信息，并且进一步与具体业务匹配，需要极强的数据挖掘处理能力。目前银行对相关数据的利用处于成熟阶段，但需要提高、完善数据的分析处理能力。但长期以来，银行业金融机构形成了以部门及产品划界的管理及经营模式，部门的管理和产品的审批具有较强的独立性，可能在短时间内难以满足这种适应市场变化的敏捷的运营模式。

风险经营是商业银行稳定可持续增长的关键要素。商业银行通过承担风险、管控风险来获得收益，是经营风险的特殊企业，其发展与风险是密不可分的，若风险控制出现问题，不但会影响银行的正常经营，甚至会危及银行的生存。在银行发展史上，曾经爆发过的危机和案件也在不断证明银行风险控制的复杂性、重要性，因此商业银行对风险管控的要求极高。同时，银行作为金融行业的稳定器之一，直接关系到金融体系的整体安全和高效运作，而银行系统的稳定与效率也关系到经济的发展、社会的稳定乃至国家的安全。另外，银行直接面向社会公众，其日常经营和声誉与公众的信任度有着密切关系，政府的监管不可或缺。随着互联网的发展，新兴金融科技机构的业务开展可能更加灵活多样，但传统银行的产品及服务的设计较为标准，同时，由于传统银行对于风险把控的重点关注，在营销或服务模式的突破上更为稳健，无法扮演市场创新模式或产品开拓的先驱。随着新信息时代发展速度的进一步加快，为了尽快拥抱金融科技，银行业开始尝试从组织结构上进行重新设计，建立与新型金融发展相适应的专业化经营组织架构，强化网络金融部门、信息科技部门的专业性，推动银行业务向着更加多元、共享、智能的方向转型。在这样的环境下，适应互联网经济发展趋势的开放银行也应运而生。

2.1.2 开放银行对传统银行的重构

开放银行是一种平台化商业模式，指的是银行基于 API（Application Programming Interface，即"应用程序编程接口"）与 SDK（Software Development Kit，即"软件开发工具包"）等技术，与客户、员工、第三方开发者、金融科技公司、供应商和其他合作伙伴等商业信息生态参与者共享数据、算法、交易、流程和其他业务功能，提供多样的金融服务，从而构建银行体系新的核心竞争力。开放银行的本质，事实上是银行的经营发展模式从单一封闭到多元共生的根本性变革。

服务模式的重新定义

传统的银行服务以银行线下网点或线上独立 App 为载体，提供储蓄、借贷、交易、理财等基本服务，形式相对单一。开放银行将银行提供的金融服务开放至各个合作伙伴的场景之中，将金融服务与客户的日常消费、投资等各个环节有机结合，从而获得更为丰富的客户、更为海量的数据，同时，交易地点与时间也更为灵活。

例如，电商平台希望银行为其客户提供账户查询、支付、消费贷款等服务，银行直接开放若干个金融服务接口供电商平台调用，客户就可以直接从该电商平台在线获得上述银行服务，而无须再到银行网点进行办理。

以花旗银行推出的 Citi 开发者中心为例，花旗银行将账户管理、授权、信用卡、转账、花旗点数等 8 大类 API 开放给外部开发者调用。澳洲航空在花旗银行的开发者中心调用了 70 多个 API，获取了相关用户的金融数据之后，推出了优质白金信用卡服务以及 Qantas Money 应用程序，用户在获得澳洲航空会员计划奖励的同时，可以实时监控信用卡余额和飞行里程数积分。

在这种情况下，通过开放自身金融服务接口给第三方使用，银行在整个商业服务链条中的位置实现了后置，银行的服务得到重新定义，服务边界被拓宽，从而使银行本来相对封闭的金融交易循环成为更为多元化、细节化、人性化的真正以客户为核心的金融服务生态系统。

发展模式的拓展创新

在开放银行系统之中，银行有望成为金融科技创新体系的核心参与者。开放银行在开放自身端口服务第三方从而间接连接客户以外，还能够以更为高效的方式连接金融科技机构尤其是小型、创新型金融服务企业。开放银行以自身丰富的金融资源为支撑，一方面通过与金融科技机构或垂直领域的专业平台进行功能结合，直接进行产品创新或改进、优化，进行外延式创新合作；另一方面也可以直接支持创新企业或者个人开发者，以创新加速器或孵化器的形式，充分发挥银行自身的金融资源，结合小型创新企业灵活高效的组织模式和技术优势，建立以开放银行为核心的平台化金融科技创新体系。

例如，星展银行 2018 年启动的旨在将星展银行、中小企业客户的问题及痛点与初创公司相匹配的 Startup Xchange 计划，主要专注于人工智能、数据科学、沉浸式媒体和物联网四大前沿领域。该计划与传统的加速器不同，Startup Xchange 引入初创公司与银行共同创建解决方案，从而及时定位和解决业务方面的问题，并结合银行与初创公司的资源，由此逐渐迈向创新的开放金融体系。

　　国内银行业对于以开放银行构建金融创新体系的探索也有较大突破。以廊坊银行为例，其于 2018 年首创开放的创新工场，上线了"区块链－票链"业务平台，旨在推动区块链技术在票据领域的创新应用，首单业务已经落地；同时在人工智能、大数据风控、增强现实、生物识别等领域也已经开始与业界知名机构开展合作。廊坊银行主要围绕地区经济，以其开放银行为主体，积极为创新科技企业提供创新环境与空间，从而以金融科技为抓手，带动地方金融产业的数字化升级（图 2－1、2－2）。

　　5G 技术为银行数字化转型和开放银行进一步赋能

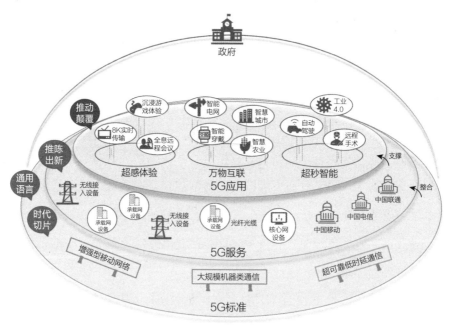

以标准整合服务，以服务支撑应用，以应用推动颠覆

图 2－1　5G 智能生态圈

资料来源：中关村互联网金融研究院

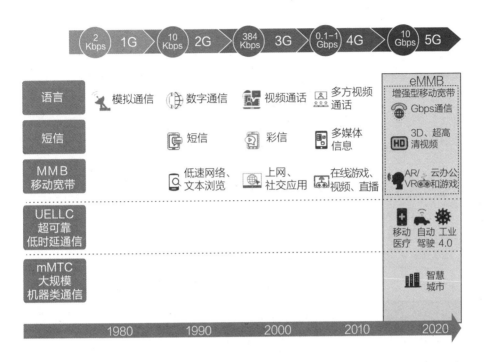

图 2-2 移动通信场景变迁图

资料来源：中关村互联网金融研究院

　　银行业从以物理网点为中心的 Bank 1.0、提供全天候服务的 ATM 的 Bank 2.0、以智能手机开展业务的 Bank 3.0 时代，即将进入无感植入式智能银行的 Bank 4.0 时代。美国传奇银行家 Brett King 在谈及 Bank 4.0 时指出，如果说从 Bank 1.0 到 Bank 3.0，是基于物理网点的服务渠道扩宽，那么 Bank 4.0 则是回归到对银行本质的重新审视。通过比较移动通信场景的变迁过程和银行的进化线路，可以察觉 5G 时代与 Bank 4.0 时代基本重合，在新信息社会行进至 5G 时代后，银行数字化转型呈现出新的方向与特点，要实现 Bank 4.0 所需要的技术和工具需要 5G 来串联，5G 技术将为开放银行进一步赋能（图 2-3）。

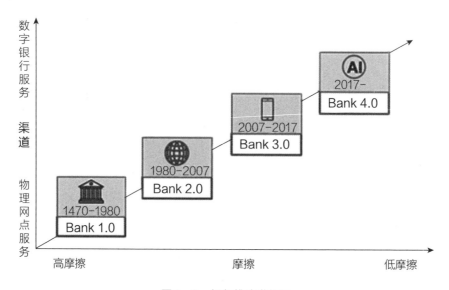

图 2-3　银行线路进化图

资料来源：Brett King 的作品《Bank 4.0》

　　首先，以 5G 技术为支撑，银行网点被改造得更加多元，突出智能化主题。银行除了能够不断加强自助设备的智能化升级和自助渠道的普及，使其成为能办理多种复杂业务的"超级柜台"，还可以利用 5G 技术在一定程度上缩小空间距离对提供和获取金融服务所造成的限制。例如，随着高清视频和 VR/AR 等技术和应用的长足发展，用户可以通过视频会话得到个性化关注，获得基于人工智能的个人银行服务，无须前往银行网点。其次，开放银行的开放接口涉及跨国金融、代收代付、移动支付，以及地图服务、网点查询、汇率牌价等，为开发各类金融服务应用提供可能性。在5G 时代，开放银行与其他平台企业和金融科技机构的合作将更加无界与多元，金融能力的输出所受到的限制更少，以开放银行为核心的金融创新体系的最初搭建与后续完善都将创造更多的价值。更重要的是，银行的功能正逐渐嵌入人们高频使用的情境之中，让情境化金融服务成为可能。银行业务的效用和体验不再依附某个具体金融产品，用户在使用金融服务中的摩擦和不顺畅将被化解于无痕，基于物理网点的账户开立和 KYC（Know-Your-Customer 即"了解客户"）规则将被重塑，即时、实时的金融服务将成为流行的现实，场景介入将为用户提供更好的金融解决方案。也就是说，未来的金融服务势必无所不在，不必要求客户获得批准才能得到便利，而是能让客户享受到顺畅的、实时的、响应式的服务。

另一方面，我们也应看到，开放银行所隐含和放大的风险效应同样不容忽视。开放银行在挖掘更多价值点的同时，使银行所面临的风险敞口有所扩大，与技术紧密结合之后，风险类型也将更加多样与难以预测。因此，银行在拓展开放银行业务时也必须将风险识别与控制置于更为重要的地位。

2.1.3 开放银行发展案例：开放银行在新兴的信息创新业务中提供更多价值

作为全面推动经济社会数字化转型的关键基础设施，5G 技术将促进传统行业的深刻转型，我国银行业也敏锐地抓住了 5G 技术发展的历史机遇，开始积极推进 5G 技术在金融服务和产品中的融合应用和创新发展。由于领先的商业银行具备资源优势，是高密度研发和高水平创新人才的重要承载体和推进行业自主创新战略的重要力量，其率先开始运用 5G 技术打造智能银行。具体来说，中国工商银行构建了"技术应用 + 服务功能 + 场景链接 + 生态融合"四位一体的智慧服务体系，为客户打造了更具科技感、未来感、温度感的金融服务体验；中国银行则利用 5G 技术打造与生活深度融合的智能网点，构建结缘奥运、数字管家、智能服务、城市名片、跨境金融、尊享服务、邂逅生活等七大充满科技感与生活感的领域。银行业不断探索 5G 技术与银行业务的融合方式，从智能网点的试点开始，快速迭代，力求找到 5G 技术应用的最佳模式，持续推进 5G 技术在金融领域应用的落地。

建设银行：“5G+智能银行”布局开启银行新形态

中国建设银行（简称建行）积极探索 5G 技术与银行业务创新融合的金融科技战略新形态，推出了首批三家“5G+智能银行”，分别亮相北京市清华园支行、兴融支行和建国支行，通过 5G、物联网、人工智能等新技术，将金融、社交、生活等场景相连接，把银行网点打造为体验空间、对话空间和娱乐空间，提供一个“共享社区”，以求实现连接无感、服务无界、安防无忧、体验升级。

网点全智能化远程运营管理，客户自助业务范围拓展。作为业内首家布局物联网技术的银行，建行“5G+智能银行”构建网点总控平台，将所有终端设备接入网络，整合网点物联、远程控制、服务调度、安保协同、风险控制、数据监控六大能力，实现了网点远程全智能化运营管理，大大扩大了客户自助业务范围。账户服务、个人贷款等对私业务，单位结算卡、对公预开户等对公业务，个人手机银行、网上银行签约业务，转账、汇款等支付结算业务及外汇业务共 19 大类、近 300 项功能都可以在智慧柜员机上快捷实现。而且，建行还将智能语音、刷脸、电子证件等技术融入客户自助业务流程，创新推出物理渠道“刷脸办”模式，实现 14 项高频业务免介质、刷脸办理。

网点化身多元空间，客户体验无感金融服务。建行的“5G+智能银行”网点除了可以自助办理多项业务外，还提供金融太空舱、智能家居、共享空间直播、客户成长互动、数字沙盘、汽车金融体验等多种沉浸式金融服务，比如利用 5G、物联网、VR 等技术，打造无人驾驶汽车体验区，为用户提供裸眼 VR 驾驶、预约取餐、无感支付等服务，让用户体验到未来“万物互联”时代的无感金融服务；打造家居银行体验区，在智慧音箱中嵌入利率、汇率、理财等金融查询服务，让用户体验未来“场景化、个性化、唯你专属”的金融服务；此外，强化线上线下协同经营，试点推出

"建行到家"新型服务模式，为客户提供"线上下单、集中处理、实物配送、服务到家"的一体化金融服务，全面引领金融服务模式创新。

建行的"5G + 智能银行"充分发挥了 5G 技术高速率、低时延、海量连接的特点，构建了"生产网 + 互联网"的双 5G 服务网络，优化了银行金融服务体验，提升了金融服务水平。未来，建行将进一步扩大与通信商合作的深度和广度，将"5G + 智能银行"新概念营业网点推向全国。

浦发银行：建立首个 API Bank（无界开放银行），以共建共赢构
建银行业数字生态

浦发银行于 1993 年成立于上海。上市以来，浦发银行连续多年被《亚洲周刊》评为"中国上市公司 100 强"，连续多年被"中国品牌价值研究院"评为"中国品牌 500 强"。浦发银行 2020 年全年实现营业收入（集团口径）1,963.84 亿元，同比增长 2.99%，归属于母公司股东的净利润583.25 亿元。[⊖]。

API Bank 构建开放共享、共建共赢的生态圈。在互联网浪潮的带动下，浦发银行也开始了开放银行领域的探索。为积极推动全行一流数字生态银行建设战略，浦发银行在 2017 年实现了 SOA（松耦合）架构的改造，搭建了 API 等重要技术平台，并同步建立了配套的数字化运营机制。2018 年7 月 12 日，浦发银行在北京正式推出业内首个 API Bank（无界开放银行），这是该行建设一流数字生态银行的一项重大工程。浦发银行 API Bank 不再是单纯的技术平台，其把金融与各行业连接起来，构成一个开放共享、共建共赢的生态圈。截至 2019 年年末，浦发银行累计发布 400 个 API 服务，对接合作伙伴应用 210 家，API 交易涉及账户管理、贷款融资、投资理财等九大类业务领域。基于 API Bank，公司的金融产品和服务实现了与政

⊖ 数据来源：浦发银行 2020 年公司年报。

府、企业、行业平台等的深度结合，在各类生产和生活场景中，为客户提供无处不在的服务，让客户的需求能在第一时间获得满足。例如，浦发银行 API Bank 可嵌入社区 App 中，业主可以直接使用社区 App 支付物业费、在社区商户消费并获得优惠、预约保洁服务等，银行在背后提供了支付、权益优惠、积分等各项金融服务。客户在旅游网站上订购机票或酒店，在支付时，不需要切换到银行的 App 或网站，通过 API 可以直接获得银行的支付、分期付款、保险权益等服务。

浦发银行 API Bank 无缝融入社会生活、生产、管理的各个环节。未来，浦发银行将充分发挥信息科技的优势，推进服务模式重构，提升数字化经营管理能力，全面推进一流数字生态银行建设。

星展银行：推出 API 开发平台和 Startup Xchange 计划，以数字科技重塑银行业未来

星展银行是新加坡最大的商业银行，为企业、银行等机构提供全方位金融服务。它积极从事包括贸易融资和流动资金融资在内的短期银行信贷服务。它还提供投资银行服务、投资组合管理服务和托管服务。经过多年的数字化改造，星展带领业界以数字科技重塑银行业未来，于 2016 年、2018 年和 2019 年被《欧洲货币》杂志评选为"全球最佳电子银行"。

"DBS Developers"进一步拓展银行服务。为了应对数据大爆炸、共享经济兴起、客户行为模式变化所带来的巨大压力，星展银行于 2017 年开始建立开放银行。2017 年星展集团推出全球最大的银行 API 开发平台"DBS Developers"，上架 150 多个 API，提供资金转帐、卡友红利、手机支付、连结星展支付工具 PayLah 等服务，提供全球数量最多和关联性最高的银行 API，无论企业从事什么业务，从金融科技到生活方式，都可以找到合适的 API。经过三年多的发展，目前该平台已拥有超过 500 个 API，并与 400多个合作伙伴建立了联系，包括：AIG、Chubb、MSIG、Paisabazaar、新加

坡国税局、Singtel、Agrocorp、Calista、Bukalapak、Wanxiang、Grab、SoCash 和 GOJEK。

Startup Xchange 快速无缝满足客户需求。2018 年，星展银行在新加坡和香港启动了一项旨在将星展银行、中小企业客户的问题与初创公司相匹配的计划——Startup Xchange。Startup Xchange 计划专注于前沿技术的四个领域，它们是：人工智能、数据科学、沉浸式媒体和物联网。通过利用这些新兴技术的力量，银行及银行的客户能够比他们的客户领先一步，以更快、更无缝的方式满足客户的业务和生活方式需求。2019 年星展银行（中国）推出"星展 e 链通"线上服务平台，无须实体开户，为客户中小企业提供快速、高效、便捷的线上认证及供应链融资服务。该平台结合了星展银行丰富的供应链融资经验以及多项金融科技创新，使供应链融资更为简便，大大节省了时间和成本，将进一步惠及中国更多的中小企业。

开放银行的建立对于星展银行来说，是银行整体数字化道路的一部分。未来星展银行将继续完善开放银行的建设，积极推动银行的数字化进程。

2.2 消费金融的"场景"逻辑：新技术赋能消费金融

2.2.1 消费金融发展背景：供需两侧积蓄能量，政策有益助力

商业银行借贷门槛相对较高，对个人消费性信贷需求覆盖不足

传统的银行借贷资金成本相对较低，资金来源稳定，对大型企业和个人长期性大额消费来说，是最为主要的资金来源之一。但其资金本质、资金期限、借贷门槛都决定了其对短期性、小额度的个人消费需求覆盖相对不足。

出于银行风险控制的需要，银行信贷对个人信用要求较高，要求借贷

人具有良好的信用记录，比如要求信用卡不存在逾期或透支等情况，还要求个人拥有按时偿还贷款本息的经济能力，比如有稳定的工作或者提供额外的资产证明。另外，银行贷款通常涉及大额度的业务，比如住房贷款、购车贷款、创业贷款等，对于学费、租房、医疗等小额业务涉及不多。严格的借贷门槛、相对复杂的借贷程序使得一般消费者难以直接选择银行贷款来满足日常的小额融资和消费需求，因此，在存在消费需求缺口的情况下，新型的消费金融凭借其小额可贷、审核灵活的特点，在如今的金融环境下应运而生。

消费观念显著转变，消费需求更加多元

随着国民经济的飞速发展和社会生活方式的不断演进，人们的消费需求发生了深刻转变，"物质和精神需求并重"逐步替代单纯的"物质需求"，"保守消费"渐渐转变为"灵活消费"。这样的变化使得人们有了更加多元化、多层次的消费需求，为消费金融提供了极为丰富的场景。

消费需求更为多元。近几年，居民个人可支配收入逐年增长，从2013年的18,311元上升到2019年的30,733元。同时，我国居民恩格尔系数连续八年下降，2019年比上年下降0.2个百分点，降至28.2%。人均可支配收入的提高和恩格尔系数的下降意味着人们的生活日益富裕，消费能力逐渐提高。收入的普遍提高、消费能力的显著增强使得人们开始追求注重品质和个性的生活，同时，消费需求从衣食住行等物质需求拓展到物质、精神需求并重，消费者对精英教育、品质旅行、高雅娱乐等方面有了更高的要求，丰富多元的消费场景也为消费金融创造了更加广阔的发展空间。

消费方式日益灵活。我国传统的消费方式较为保守，提倡"勤俭节约""量入为出"。但是，58金融《消费信贷用户行为报告》显示，"80后"不仅是消费市场的中流砥柱，也是消费信贷的主力用户，29%的消费

信贷用户为 "80 后"，其次是 "70 后" 和 "90 后"，分别占比 27.4% 和 25.4%，而 "95 后" 和 "00 后" 的占比较低。相比 "70 后" 主要围绕家庭消费，"80 后" "90 后" 甚至 "00 后" 的消费观与传统观念有很大的不同，同时也渐渐模糊了存款余额的限制，小额借贷等灵活的消费方式逐步融入人们的生活。

在时代的变迁中，消费观念逐渐转变，其带来的多元的需求和灵活的方式使更多生活场景可供挖掘，消费金融也因此有了良好的发展空间，成为消费者丰富消费选择、拓宽消费渠道的有效途径。

鼓励创新，防范风险，政策引导消费金融稳健发展

在短短几十年的时间里，我国消费金融经历了从萌芽到爆发，再到规范的过程，每一步的发展都与政策息息相关。对于消费金融行业的整体发展，监管方面持审慎态度的同时也鼓励数字化转型，并持续提供利好政策；而对于消费金融发展过程中出现的不合理、不合规问题，监管层也严惩不贷。总的说来，政策的总体导向旨在引导消费金融行业长期稳健发展（表 2-1）。

从 2009 年消费金融公司在 4 个城市开始试点，到 2013 年试点拓展到 16 个城市，再到 2015 年的全面铺开，政策大力推动消费金融发展，对消费金融公司的设立、变更与终止、业务范围、经营规则以及监督管理都做出了相对详细的规定，为促进消费金融这一新经济增长点的发展提供政策支持，消费金融由此进入了蓬勃的高速发展期。

然而随着参与主体不断增多，交易规模不断扩大，消费金融市场上也出现了很多不规范经营的情况，如发布不实广告、放松贷款审查等。面对这些乱象，监管部门为了防范消费金融业务经营过程中衍生的各种风险，在 2017、2018 年连发多个文件，限制校园贷、现金贷，规范网络小额贷款业务。同时，对于场景化消费金融，监管层鼓励的态度一如既往，积极促

表 2 - 1　消费金融相关政策一览表

时间	政策名称	发布机构	主要内容
2020年7月	《商业银行互联网贷款管理暂行办法》	银保监会	合理界定互联网贷款内涵及范围，明确互联网贷款应遵循小额、短期、高效和风险可控原则，并明确风险管理要求与规范合作机构管理
2020年5月	《商业银行互联网贷款管理暂行办法（征求意见稿）》	银保监会	明确互联网贷款应遵循小额、短期、高效和风险可控原则；打击联合贷放款"兜底行为"
2019年5月	《中国银保监会关于开展"巩固治乱象成果促进合规建设"工作的通知》	银保监会	持续推动信贷管理问题的整治
2019年4月	《国务院关于落实〈政府工作报告〉重点工作部门分工的意见》	国务院	推行信用监管改革；发展消费新业态、新模式，促进线上消费融合发展
2018年8月	《中国银保监会办公厅关于进一步做好信贷工作　提升服务实体经济质效的通知》	银保监会	积极发展消费金融，增强消费对经济的拉动作用；规范经营行为，严禁附加不合理贷款条件
2018年5月	《关于提请对部分"现金贷"平台加强监管的函》	互金专项整治办	首次点名四类违规变相"现金贷"
2017年12月	《关于做好P2P网络借贷风险专项整治整改验收工作的通知》	P2P网络借贷风险专项整治工作领导小组	要求各地应在2018年4月底前完成辖内主要P2P机构的登记备案工作，6月底之前全部完成
2017年12月	《关于规范整顿"现金贷"业务的通知》	互金专项整治风险专项整治办、P2P网络借贷风险专项整治工作领导小组	取缔无场景的"现金贷"；三个"禁止"限制资金来源；控制银行对网贷平台资金的发放

（续）

时　间	政策名称	发布机构	主要内容
2017 年 11 月	《关于立即暂停批设网络小额贷款公司的通知》	互金专项整治办	暂停审批网络小贷牌照，互联网小贷牌照进入存量时代
2017 年 5 月	《关于进一步加强校园贷规范管理工作的通知》	银监会、教育部、人社部	暂停新发校园网贷业务标的，要求校园贷公司退出并整改
2017 年 2 月	《关于印发网络借贷资金管业务指引的通知》	银监会	要求建立客户资金第三方存管制度，防范网络借贷资金挪用风险
2016 年 8 月	《网络借贷信息中介机构业务活动管理暂行办法》	银监会	要求开展网络借贷业务备案登记，明确客户资金由银行存管等 "13 条" 红线
2016 年 3 月	《关于加大对新消费领域金融支持的指导意见》	央行、银监会	鼓励银行业金融机构创新消费信贷抵质押
2015 年 11 月	《关于积极发挥新消费引领作用加快培育形成新供给新动力的指导意见》	国务院	鼓励消费金融发展，将试点范围推广至全国
2015 年 7 月	《关于促进互联网金融健康发展的指导意见》	央行、工信部等十部门	鼓励互联网金融创新；鼓励民间资本进入
2013 年 11 月	《消费金融公司试点管理办法（修订稿）》	银监会	持牌消费金融试点城市扩展到 16 个
2009 年 7 月	《消费金融公司试点管理办法》	银监会	首轮 4 家金融公司正式成立

资料来源：众安金融科技研究院

进消费金融与各个消费场景深度结合的金融服务的发展，鼓励信贷资金真实流向消费场景，为促消费、稳增长做出贡献。在政策的规范与引导下，消费金融作为拉动居民消费升级、服务实体经济增长的着力点，场景化业务多元开展，行业秩序逐步规范，消费金融行业正向着稳健、健康的发展方向迈进。

2.2.2　消费金融业务本质：灵活便捷的小额消费信贷

消费金融的本质是为个人消费者提供以消费为目的、以场景为依托的信用借贷，一般来说无须抵押担保、审批速度更快、还款期限也更为灵活。

首先，在不同的场景之中，消费金融平台以不同渠道获取消费客户，迅速识别客户的相关交易轨迹、审核客户提交的身份材料，并连接央行征信系统，进行全方位的客户画像与信用分析，依据数据建立定价模型，给予不同客户以不同的风险定价；之后，消费金融平台高效匹配资金端与资产端，提供消费贷款，同时收取一定的相关手续费用；消费贷款发放之后，消费金融平台将与消费平台持续对接，跟踪客户还款状况，根据不同期限收取利息，或对逾期客户进行催款并收取费用。此外，在整个业务流程之中，消费金融平台也会持续调整定价、风控等模型，不断优化完善平台的客户触达机制、定价机制和风控机制。

2.2.3　资金、风控、场景、技术成为消费金融市场的竞争要点

随着政策支持及金融科技的发展，消费信贷市场扩张迅速，持续扩大的市场规模吸引了银行、消费金融公司以及互联网消费金融等多个主体的目光，市场竞争日益激烈，资金、风控、场景、技术成为竞争要点。

资金优势稳定，风控经验丰富，银行占据半壁江山

1985 年，中国银行发行国内第一张信用卡"中银卡"，正式翻开了我国消费金融业务的篇章。作为最早加入消费金融市场的机构，银行主要开展信用卡、个人消费贷款等方面的业务，因其资金量大、来源稳定且成本低，吸引了大量的消费者。央行发布的《2019 年支付体系运行总体情况报告》数据显示，截至 2019 年年末，银行卡授信总额 17.37 万亿元，同比增长 12.78%；银行卡应偿信贷余额 7.59 万亿元，较上年增长 10.73%，银行仍是消费信贷最主要的供给方。

除了具备资金来源方面的优势，银行凭借在经营过程中累积的丰富的风险管理经验，应对各类风险的能力体系更为成熟。在消费金融这一以"信用借贷"为主的业务类型中，对风险的严格管控也成为决定行业胜负的关键能力。另一方面，银行自身带有许多优质的客户来源，该类客群一般有着较为稳定的收入来源，信用基础、还款能力及还款意愿较优。

资金渠道广泛，场景布局多样，持牌消费金融公司推动消费金融普惠化

为了填补普通大众的消费资金需求，持牌消费金融公司迅速发展起来，其主要针对中低收入群体及新兴客户群，具有审批速度快、无须抵押担保等优势。截至 2020 年 9 月，国内持牌消费金融机构一共有30 家。

消费金融公司具有融资渠道广泛、场景布局多样的优势。自有资金、银行借贷、同业拆借、ABS 等多个融资渠道可为持牌消费金融公司提供广泛的资金来源。而且，相比于银行提供的消费类金融产品，消费金融公司的业务涉及数码产品消费、教育、装修、旅游、学车、租房、婚庆等各类生活场景，信贷产品种类丰富，形式灵活，需求覆盖面广，逐步推动消费

金融普惠化，惠及普通大众的生活需要。

线上场景多样，技术能力占优，互联网消费金融打造消费金融新模式

随着互联网的发展和电子商务的普及，越来越多的线上场景可供挖掘，互联网电商凭借其天然的场景优势，也开始进入消费金融领域。国家金融与发展实验室发布的《2019 年中国消费金融发展报告》显示，从 2014 年的 0.02 万亿元到 2018 年的 7.8 万亿元，互联网消费金融放贷规模增幅近 400 倍。

"场景化"已经成为消费金融的主要趋势。与互联网消费场景相结合的线上金融服务，不但让更多不被传统金融覆盖的人群获得了金融服务，还促进了互联网商家的业务发展，互联网消费金融凭借其线上场景优势打造了消费金融的新模式。

2.2.4　5G 时代，新技术将成为消费金融的核心驱动力

5G 时代新技术的广泛应用，将使消费金融服务的便捷性大大提高，资金融通真正连接供需两侧，消费升级带动实体经济的驱动力更为增强。基于更为高效的大数据、云计算、人工智能技术，消费金融在 5G 时代将进一步呈现出无感化、普惠化特性，消费与金融的边界将更加模糊，金融服务将全面深度融入消费者的日常生活。

在最初的营销获客环节，运用多维数据替代单一的金融数据，能够获得更为全面完整的金融消费客户画像，全面深入地感知与挖掘客户的当前消费需求与潜在消费需求，从而使营销环节的准确性大大提升，同时降低获客成本，从初始环节减少消费金融机构无效的营销损耗。此外，根据完整的客户画像，平台能够更精确地对客户进行信用分析和风险评估，将风险控制这一环节进行前置，将营销过程与风控过程有机结合，从而在信贷

流程开始前就有效降低消费金融机构的风险。

在支付放贷环节，5G 技术的应用使消费金融的"无感化"成为可能。首先，由于前期积累的海量数据集与完整的客户画像，授信过程的速度将极大提升，趋近于秒级授信，让用户几乎感受不到授信审查过程，实质性地提升客户体验；其次，在消费的实际支付过程中，由于底层 5G 技术的广泛搭建，身份识别的智能化将使支付过程的无感化成为可能，金融服务更为灵活地深入消费过程之中。

而在贷后管理环节，由于云计算和深度学习的运用，信贷流程中多维数据的处理将实现批量化、智能化，定价模式和风控模型的优化完善、客户追踪、逾期催收都能够低成本、高速率地达成，从而形成消费信贷的全生命周期管理，使平台的运营成本大幅降低，整体的风险控制能力和运营能力却得到有效的提升。当前，新的消费场景挖掘速度不断加快，未来消费金融触达的潜力客群正逐步被覆盖，对于消费金融机构而言，降低运营成本、提升风控能力就成了竞争的核心要义。

2.3 智能券商：行业研究、客户服务与业务交易的新逻辑

随着金融科技的发展，人工智能与金融行业的融合日益加深，为券商业务带来了更多的可能，券商智能化成为重要趋势。智能券商业务主要包括智能投研和智能投顾业务。智能投研方面，由于人工智能、大数据、云计算等技术的进步，投研业务智能化应用效果明显，值得一提的是 Kensho 在解决投资分析的"速度、规模、自动化"三大挑战方面取得了一定的进展。而在智能投顾方面，得益于市场量化投资和 ETF 基金的蓬勃发展，美国在 2008 年就开始了投顾业务智能化的进程，发展水平相对较好。但是我

国证券市场环境特殊，截至 2020 年 4 月，散户投资者的数量占比高达 99.76%[⊖]，缺乏稳健、长期的价值投资理念，对倡导稳健投资的智能投顾业务接受度较低。此外，股权投资类工具有限、模型有效性不足等问题也限制了我国智能投顾的发展，使其目前距离国外水平还有一定的差距。总的说来，不论是智能投研还是智能投顾，目前的发展都受到技术方面的限制，随着 5G 技术的发展，其带来的数据获取、存储、传输和处理等方面的进步将大大提升券商业务的效率，推动券商业务在智能化的道路上高速前行。

2.3.1 行业研究的新逻辑：智能投研实现从搜索到投资观点的自动跨越

运作模式：人工智能助力高效智能投研

由于互联网的普及，过多的信息使得投研业务面临数据量过大、数据渠道过多、数据结构多样、数据真假难辨等突出问题，传统的投研方法在处理这些问题时略显乏力。自然语言处理、知识图谱、深度学习等人工智能方法的出现，为投研业务带来了创新的展业方式，除传统券商外，创业公司、基金公司、数据服务商等主体也纷纷开始积极参与智能投研业务。

智能投研是指在金融市场多维数据的基础上，通过人工智能、大数据、云计算等技术，对数据、事件、结论等信息进行自动化处理和分析，为金融机构的专业从业人员提供投研帮助，提高其工作效率和分析能力。借助新兴技术，智能投研可以提高传统投研搜索、知识/数据提取、分析研究和观点呈现这四个环节的效率（图 2 - 4）。

⊖ 数据来源：根据中国证券登记结算公司 2020 年 4 月月报计算得出。http://www.chinaclear.cn/zdjs/tjyb2/center_tjbg.shtml.

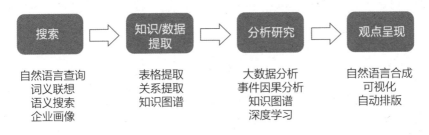

图2-4 智能投研流程及关键技术

资料来源：众安金融科技研究院

在搜索环节，为了挖掘行业、公司、场景的基本信息，券商可以通过自然语言查询、词义联想、语义搜索和企业画像等关键技术，实现智能资讯推送，支持智能搜索引擎，扩大有效信息来源，弥补传统投研搜索路径不完善的缺陷。

在知识/数据提取环节，表格提取、关系提取、知识图谱等新兴技术可以全面及时地从搜索的信息中获得数据和知识，完成公告/新闻自然化摘要、产业链分析以及智能财务模型。

在分析研究环节，人工分析研究稳定性差的缺陷可以由知识图谱、深度学习来弥补，在这些技术的支持下，事件因果分析、大数据统计分析可以使得该环节更加高效理性。

在最终的观点呈现环节，自然语言合成、可视化、自动排版等技术可以实现报告自动化，直接将分析结果呈现出来，简化了传统观点呈现环节所需的观点梳理、设计排版等步骤，大大提高了该环节的效率。

智能投研的最终目的是实现从搜集归类信息到形成投资观点的自动化，在人工智能、大数据、云计算等技术的支持下，将传统时长达十几天的投研周期缩短到几天甚至几个小时。但是目前来看，智能投研依然是一个新兴领域，发展时间较短，还存在诸多有待解决的问题。比如人工智能与投研业务的协调融合还存在一些障碍，具体表现在智能投研依赖的自然语言处理等人工智能技术发展还处于初级阶段，技术在解构各因子之间的相关性上依然有很大的进步空间等。

案例：Kensho——智能投研最具想象力的先行者

Kensho 是一个将人工智能、大数据和云计算与金融咨询业务结合起来的数据分析公司，目标是建立智能化的信息数据平台服务，为客户提供更加优质的数据分析服务，被誉为"智能投研的 AlphaGo"，其在金融领域的成就广为人所知。Kensho 在 2013 年成立于哈佛大学；2014 年与高盛合作并获得高盛的 1500 万美元投资；2016 年被《财富》杂志提名为"五家最热门的金融科技公司"之一，被世界经济论坛评为世界上最具创新力的私营科技公司之一，同时被《福布斯》认定为全球 50 家最具创新性的金融科技公司之一；2017 年，获标普国际领投的 B 轮 5000 万美元融资，投资人还包括高盛、摩根大通、美银美林、摩根士丹利、花旗集团和富国银行等机构，融资后估值达 5 亿美元；2018 年被标普国际以 5.5 亿美元收购。

Kensho 的主打产品是一款名为"Warren"（沃伦）的金融数据收集、分析软件。作为新一代数据分析与知识平台，Warren 具有三大优势：

一是高效的分析能力。当一个问题提出以后，Warren 可以利用自然语言搜索、云计算等技术进行快速搜索和分析，将传统投研需要十几天的投资分析周期缩短为几分钟。据《福布斯》介绍，"在能够找全数据的假设下，对冲基金分析师团队需要几天时间才能回答的问题，Warren 可以通过扫描超过 9 万项全球事件，如药物审批、经济报告、货币政策变化和政治事件及其对地球上几乎所有金融资产的影响，立即找到超过 6500 万个问题组合的答案"。

二是直观便捷的用户体验。Warren 的运用方法类似于谷歌搜索引擎，用户只需用通俗易懂的英文来询问金融问题，Warren 会自动将问题转换成机器能够识别的信息，并寻找云数据库与互联网中的各类相关数据与事件，运用大数据技术进行分析，并根据市场走向自动生成研究预测报告，回答投资者的问题。Warren 的强大功能使得用户不再需要有专业的金融知识，也不需要设置复杂的参数和配置算法，就可以得到类似于金融分析师分析报告的结果，让更多的人能够以较低的门槛获得专业的分析结果。

三是强大的学习能力。随着遇到的问题不断增多，Warren 在以极快的速度读取亿万条数据或信息的同时，也在不断地进行学习，凭借其强大的学习能力从各种各样的问题中累积经验，扩充自身的知识库，增加新的搜索渠道，优化其分析结果，逐步成长，向着更加智能的方向发展。

Warren 被誉为"华尔街的 Siri"，其优质的信息搜集和分析处理技术被金融行业看好，但是现阶段 Warren 的缺陷也不可忽视。尽管 Warren 具备基础问答能力，但从目前来看，还存在人机交互和因果逻辑混乱等缺陷。并且，Warren 目前还无法自行形成新的因果关系。现在的 Warren 更像一个数据收集、图形化呈现的工具，并不能直接提供科学的分析决策。伴随着技术的进步，Warren 还存在巨大的提升空间。

5G 时代数据和技术的突破为智能投研发展提供动力

目前 5G 技术已经开始试商用，按照工信部的计划，预计 5G 技术将在2021 年进一步推广，在 5G 技术浪潮的引领下，智能投研也会因 5G 技术的发展而在数据和技术等多个层面不断进步。

多维度、实时数据精准判定资产价值动向。由于 5G 网络支持万物互联的特点，未来在社会生活的几乎每一个角落都有高速网络存在，数据规模和数据维度都将呈现指数级增长。目前多数智能投研公司专注挖掘纯金融领域的数据，如研报、债券、股票等信息。而在 5G 时代，除金融数据外，跨领域、多维度的数据也可以快速便捷地获得，例如社交媒体、个人信用、气候变化等数据。如此一来在进行具体的投研业务时，知识搜索的范围将会更广，提取的内容将会更丰富，分析研究将建立在更为全面的数据基础之上。另外，5G技术最为人所称道的一点就是其高速率，峰值速率可达10Gbps，时延低至1ms。相比于现在季报、年报等有时延的数据，在瞬息万变的证券市场，低时延的实时数据有助于更为精准及时地判定资产价值的动向。

5G时代新兴技术的突破为智能投研提供技术支持。 智能投研依赖于人工智能、大数据、云计算等新兴技术，在5G时代，数据传输效率的提高与存储容量的增大将为这些技术突破瓶颈提供支持，为其快速发展提供动力，其中智能投研所需的企业画像、知识图谱等关键环节也将在5G时代得到技术支持，为投研业务提供深层动力。

2.3.2 客户服务的新逻辑：智能投顾提供个性化普惠化服务

运作模式：定制化提供精准投顾服务，技术进步推动普惠金融

智能投顾于20世纪90年代末兴起于美国，从在线投顾到人工智能投顾，渐渐将大数据、云计算、人工智能等技术引入投顾领域，根据投资者不同的理财需求、风险偏好和财务状况，通过智能算法和数据模型，由计算机完成传统上由人工提供的理财顾问服务。相比于传统的高门槛的投顾业务，智能投顾的核心优势在于通过技术的引入，极大地降低人力成本，从而降低客户获取投顾服务的门槛和费用，有助于推动普惠金融的发展（图2-5）。

在人工智能、大数据、云计算等技术的辅助下，智能投顾力求实现收益最大化的目标，其中用户风险偏好评估和资产配置优化是整个过程中最为重要的环节。

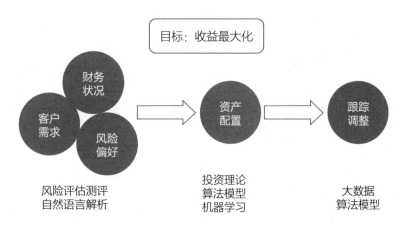

图2-5　智能投顾运作模式
资料来源：众安金融科技研究院

在用户风险偏好评估环节，智能投顾通过自然语言解析等人工智能技术从海量数据中挖掘出与用户偏好相关的信息，再结合开户前投资者风险测评得出的结果来判断客户的风险偏好。海量数据的挖掘和全面的风险评估测试可以尽可能准确地评估消费者的风险偏好，为精准匹配投资组合奠定良好的基础。

在资产配置环节，根据客户需求、财务状况以及评估得出的风险偏好，通过对各类资产收益特征、风险特征、周期性特征的评估，按照资本资产定价模型（Capital Asset Pricing Model）、决策树模型（Decision Tree Model）、k均值聚类算法（k-means clustering algorithm）等算法和模型，求出不同资产配置的最佳组合。相比于常规的线性回归、均值-方差等量化模型，智能投顾系统中增加的梯度学习的机器学习算法，可以依据历史经验和新的市场信息，不断修正分析模型，大大提高资产配置的精准度。并且配置的资产组合并不是永久固定的，后续会对投资组合中各项资产进行跟踪，结合自然语言处理和知识图谱等人工智能技术对宏观经济、公司业绩、网络舆情等进行分析，判断市场波动的原因，不断调整更新资产组合，以达到收益最大化的目标。

　　智能投顾门槛低、费用低、投资范围广、个性化定制程度高等方面的优势将吸引资本市场上数量庞大但资金量有限的长尾客户，有着良好的前景，但国内投资者缺乏长期价值投资理念、相关技术发展不成熟、模型有效性不足等问题都限制了智能投顾的发展，目前来看，智能投顾在国内尚未成为潮流。

⊙ 案例 1　Wealthfront：全球智能投顾平台的标杆

　　智能投顾最早兴起于美国，自 2008 年起，第一批智能投顾公司相继成立。Wealthfront 作为第一批智能投顾公司的代表，在智能投顾市场深耕细作，稳健增长，逐步成长为全球智能投顾平台的标杆。

　　Wealthfront 成立于 2011 年，只用两年的时间就在管理资金量上超越了当时的业内大哥 Betterment。这家公司的前身是一个名为 Kaching 的社会投资网站，2011 年 12 月才正式更名为 Wealthfront，转型为一家在线财富管理公司。Wealthfront 采用纯智能投顾模式，不提供人工服务，主要借助机器模型和技术，为经过调查问卷评估的客户推荐与其风险偏好和风险承受能力匹配的资产投资组合。其团队成员主要来自硅谷，最早建立的原因是为了帮助硅谷的高科技人才打理手中的股票和期权，后经过多次方向调整，开始主攻 20 到 30 岁的中高收入人群。

　　作为建立时间较久、发展较成熟的智能投顾平台，Wealthfront 具有诸多值得称道的优势。其一是投资范围相对较广。Wealthfront 投资标的为指数 ETF 组合，投资资产类别涉及美股、美国国债、美国通胀指数化证券、自然资源、房地产、公司债券等。多种可选择的资产种类不仅有利于提高分散化程度，降低风险，而且能够满足更多风险偏好类型的客户的需求。其二是节税能力较强，税收规划是美国投顾业务的特色之一，除了提供优质的投资组合，Wealthfront 还在整个投顾环节中加入了税收损失收割、税收优化直接指数化等其他服务，从而使得投资者税后收益最大化。另外，费用较低的特点也为很多资金量不足的客户提供了可获得性更高的投顾平台，降低了智能投顾业务的门槛。

在美国等海外市场，近年来智能投顾获得了快速发展，已经初具规模，但是市场成熟度仍有待提高，伴随着新兴技术的进步，智能投顾将向着提供更加精准优质服务的目标前进。

▶ 案例2　摩羯智投：国内投顾市场的领航者

2016 年 12 月 6 日，招商银行推出了摩羯智投——运用算法模型构建的"智能基金组合配置服务"平台。摩羯智投并非一个单一的产品，而是一套资产配置服务流程，在客户进行投资期限和风险收益的选择后，摩羯智投会根据客户自主选择的"目标—收益"要求，构建基金组合，为客户提供一键购买、风险预警、调仓提示、一键优化、售后报告等服务。

得益于招商银行业务规模巨大、用户众多的优势，摩羯智投是目前国内智能投顾资产管理规模最大的平台，截至 2018 年年底，累计销售规模已达到 122.33 亿元[⊖]。在为客户提供服务时，摩羯智投以客户的风险偏好和期望的投资期限为基础，对客户进行分类，力求尽量准确地对应每位客户的需求。在投资组合的选择方面也不是一成不变，每隔一段时间，摩羯智投就会从几千个公募基金中选中一定数量的基金，构成基金池，再根据客户的风险承受能力和投资期限配置资产组合。然而受到技术、环境等多方面因素的限制，目前来看摩羯智投尚未实现一对一投顾服务，风险评估的全面性和投资组合配置的精准性也有待提高。

摩羯智投作为国内智能投顾市场的领航者，目前来看距离国际先进水平仍有一定的差距，我国智能投顾领域进一步的整体发展仍需技术的进步和市场环境方面的支撑。

⊖　数据来源：招商银行 2018 年年报；2019 年未披露摩羯智投的相关数据。

2.3.3 业务交易的新逻辑：数据传输速度加快为券商交易业务赋能

在证券行业，交易速度是影响到成交效率与券商自身业绩最为关键的关键因素之一，随着数字技术的发展，数据传输速度前所未有的加快将大大提升交易速度，为券商业务进一步赋能。

富途证券致力于构建以产品和技术为核心的全链条行情、交易、结算及客服系统，于 2019 年 3 月在美国纳斯达克上市，成为中国互联网券商赴海外上市第一股。富途证券于 2014 年成为腾讯的战略投资伙伴，随后通过使用腾讯内部具有频带宽、损耗低、抗干扰性强、保真度高、工作性能可靠等优点的直达光纤通道铺设了深港跨境交易专线，大大缩减了网络延时，内地用户交易数据在深港两地机房之间的传输平均延时 0.007 秒，而公网平均延时 0.1 秒，目前，平均延时进一步缩短，仅有 0.0037 秒，美股期权刷新周期缩短至 300 毫秒，是国内行业平均刷新周期 4000 毫秒的近十三分之一。这样，用户的交易数据得以以十几倍的速度传到交易所，而这条跨境专线也成为富途证券与其他互联网券商平台相比的最大优势之一。

在瞬息万变的证券市场上，交易效率会直接影响能否成交、成交价格的高低等。随着 5G 技术的普及，网络延迟将从 4G 时代的 50 毫秒缩短到 1 毫秒以下，现有金融服务流程的网络卡顿将不会再被用户感知，数据传输速度的加快将进一步缩短交易时间、压缩操作延迟，提升券商业务的交易效率，使得券商把握最佳成交机会和最优价格的能力得到实质性的增强，为其交易业务在 5G 时代的快速发展提供强劲的技术动力。

第 2 篇

5G 时代的

数据、设备及场景

第 3 章

■

数据：特征、来源及应用规范

5G 数据特征的变迁主要取决于新一代智能终端对于数据的收集、分析及应用，其中，数据收集的实时性及广泛性，实体场景的数字化还原，以及用户触达的实时确认这几个重要特征清晰地勾勒出 5G 时代的数据特征。从经济学的角度来看，5G 时代的数据或因市场监管及法制体制的完善而更为"货币化"，激发出更多的经济价值。这一商业现象的背后则是"数据中台"概念的兴起，以及在 5G 技术的支撑下数据服务产业链的整体崛起。

3.1　5G 数据的特征变迁

自世界与互联网接驳以来，数字技术/资源逐渐突破了信息产业的范畴，成为支撑和驱动各个行业持续发展的核心基础设施。在世界范围内，各大主要经济体和国际组织，例如联合国、世界银行、APEC 等，均已出台多项政策或措施助力数字经济的大力发展。在我国，据中国信息通信研究院发布的《大数据白皮书（2019 年）》的数据表明，数字经济在

我国经济总量中的占比在逐年提升⊖，其中 2018 年数字经济规模占 GDP
比重为 34.8%。

以未来图景看当下，此次 5G 通信网络在全球的广泛商用，将加速人
工智能与物联网应用的发展与融合，一系列新兴数字技术因其"提效降
本"的经济效应，以及更适应现代社会的展业模式将逐步发展出新兴市
场，并成为驱动经济的新的增长点，加速各个行业的数字化升级转型，提
速数字经济的发展。而在这一过程中，"数据"作为新型生产要素，大概
率将成为决胜商业未来的战略储备，是亟需各个行业着力关注及分析的重
点（图 3 - 1）。

特别对于金融行业而言，数据是金融机构实施动态定价、精准营
销、风险防控的核心基础，并且其重要性在行业自动化、智能化加速
进程的大背景之下更为凸显。未来数据的特征、归属权、交易准则以
及隐私防范等问题倘若在顶层设计上未被合理规划，或将对当前行业
向现代金融业跃升形成阻力。以微观的视角观之，金融机构对于数据
资源战略规划、数据伦理等一系列问题的顶层战略架构的制定不仅关
乎公司业务的战略稳定性，还可能涉及用户体验、品牌感知等层面的
核心问题。

从数据特征的角度来看，相对于 3G、4G 时代而言，5G 时代的数据资
产是以"实时"和"客观"为主要特征的。据统计，2010 年，在全球数
据的构成中，实时数据的占比接近于零；而至 2025 年，该比例将上升至三

<hr>

⊖ 据中国信息通信研究院测算表明，2018 年，我国数字经济规模已达到 31.3 万亿
  元，按可比口径计算，名义增长 20.9%，占 GDP 比重为 34.8%；2017 年中国数
  字经济总量约 27.2 万亿美元，同比名义增长超 20.3%（高于同期 GDP 同比增长
  幅度），占 GDP 比重已达 32.9%；2016 年中国数字经济总量达到 22.6 万亿元，
  同比名义增长接近 19%，占 GDP 的比重超过 30%。

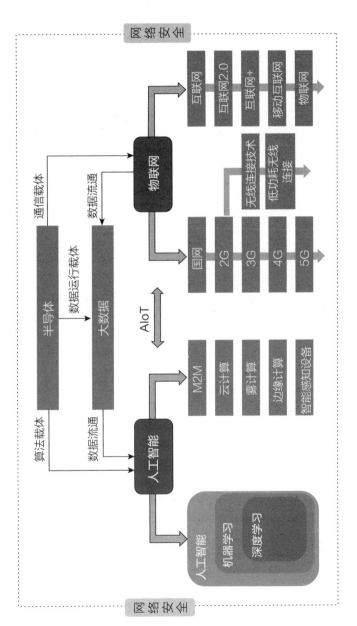

图3-1 AIoT布局

分之一[⊖]。此外，2019 年至 2025 年，实时数据的量级增长同比要大于非实时数据。与 3G、4G 时代以网络评论数据等为主的主观数据相比，5G 时代实时数据的快速增长为直观地洞察现实世界提供了基础支撑，有助于为真实地反映实时场景搭建数据框架，显著提升数据的有效性和数据分析的效率。随着实时数据的量级在整体数据中的占比不断提升，业内人士也开始重新思考如何巧妙地将实时数据结合至日常运营及风险管理之中，特别是最大限度地激发其在风险防范的连续性和及时性监控方面的经济价值（图 3 - 2）。

图 3 - 2　瑞再研究院对数据增长的预测

资料来源：瑞再 sigma 报告

此外，在 AIoT 时代，海量智能设备在多个维度进行数据采集，应用数据的展示也将更加立体与多维。据前瞻产业研究院发布的《2019—2024 年中国物联网行业应用领域市场需求与投资预测分析报告》统计数据显示，2015 年全球物联网设备数量仅 38 亿台，而 2018 年年底全球联网设备数量已经超过 170 亿台，扣除智能手机、平板电脑、笔记本电脑或固定电话等联网设备之外，物联网设备数量达 70 亿台，预测 2025 年全球物联网设备

⊖　数据来源：瑞再 Sigma No. 4/2019。

数量将突破 200 亿台。更多智能设备的互联互通使数据的累积量呈指数级增长，超越了此前社会累积的水平，不仅丰富了连接的类型，联网汽车、可穿戴设备、智能电视、无人机等多维度数据采集渠道更使得人和物、物和物之间的连接产生的数据类型成为主导。从连接的内容看，5G 技术催生的车联网、智能制造、智慧能源、无线医疗、无线家庭娱乐、无人机等新型应用将创造新的、更丰富的数据维度，AR、VR、视频等非结构化数据的比例也将进一步提升。

从静态的历史数据到动态的实时数据，数据的进步推动着各行各业在智能化的道路上高速前行，对以风险管控为核心的金融业的重要性也不言而喻，在促进风险防范的连续性、监控的及时性以及提升用户的交互体验等方面有着巨大的经济价值。

实时、近实时的风险分析管理或将成为金融业日常运营的核心。 金融机构以风险管控为核心，实时或近实时的数据不仅为金融机构的"实时预警"提供条件，而且基于实时数据的非线性模型，将有望提升传统线性风险模型的效用，通过对风险过程进行预测和监测，实现风险管控从后置到前置的系统转型。依赖实时数据进行过程风控并不是要取代原有的风控理念与方法，而是与传统风控形成有效互补，建设实时风控管理系统，实现事前、事中、事后的全面风险管理，全面提升金融业风险管理水平。目前来看，我国已有多家金融机构做出了有益探索。

信息实时采集和动态计算构建银行智能风控体系

互联网金融的发展扩大了风险事件的联动效应，并且增加了风险的多样性和隐蔽性，如何从依赖历史数据和专家经验的原有风控模式向智能化实时风控体系转变，已成为银行业深入思考的问题。针对小企业、信用卡、网贷等各类线上业务，北京银行已经将实时大数据风控付诸具体实践。

实时风险管控预防信用欺诈风险。 在贷前环节，对申请人的资格进行审查是信用卡业务和网贷业务的重点风控手段之一，为了防范身份欺诈风险，北京银行对申请人、联系人的手机实名制、在网状态、在网时长等信息进行实时核验，以充分验证客户身份的真实性，防身份欺诈风险于未然。在贷中环节，北京银行通过每日批量监测失信被执行人、限制出境名单、行政处罚等不同类型的风险数据明细，全面掌握客户的风险状况，实时预防信用欺诈风险。

与其他机构对接，全面提升风险预警能力。 北京银行与最高人民检察院、人民银行、银保监会、公安部、国家安全部、北京市公安局的对接扩大了风控信息的来源，使得北京银行能够尽早发现可疑交易行为并及时采取措施，对涉电信网络违法犯罪高危人员及公司进行风险管控，对可疑交易行为或涉嫌违法犯罪的账户以及涉嫌伪冒开卡的账户采取及时布控措施，全面提升风险预警能力。

在防控风险方面，实时大数据风控使得北京银行大幅提升自身在身份欺诈、信用欺诈以及风险预警方面的能力和效率，为商业银行建立实时风控体系提供了一条可行路径⊖。

实时监控系统建设构建智能安防体系

为响应国家"十三五"规划，增强研究院的安全监控体验和加强研究院的整体监管工作，中国科学院上海高等研究院与博慈科技携手打造液晶拼接大屏幕的监控显示系统解决方案。

⊖ 资料来源：《北京银行宗勇涛：大数据风控护航商业银行高质量发展》。https://www.cebnet.com.cn/20180815/102514281.html.

　　远程采集智能数据，便于实时监控和调度管理。博慈科技将信息监控系统、互联网技术、图像处理技术以及博慈液晶拼接屏技术有机结合，打造监控显示系统。该系统显示端融入大数据、云计算、物联网传感技术等软件功能，以博慈液晶拼接屏为智能硬件，根据研究院机房监控系统的需求，通过远程全高清监控采集数据，并对采集的智能数据进行统计分析，将实时监控的基准站点坐标和测量数据发送至显示终端，再根据终端智能获取空间数据，实时监控与调度管理。

　　多屏联动，跨区域互联，满足多元实时监控需求。在用户方案要求下，该监控显示系统可以通过多屏漫游叠加、多屏镜像、多屏联动实现跨地互联，扩大监控系统的应用范围，实现更智能、灵活、便捷的应用，为不同行业用户提供精准度监管、快速实时监控服务，实现交通监控调度、城市规划、物流信息等多种现代化信息管理目标。

　　博慈大屏幕监控系统以精湛的创新技术，在信息展示应用方面引领商业显示走向高清标准化；在安防监控领域，切实满足实际监控需求，助力构建智能安防体系○。

　　实时数据在金融领域的应用价值还体现在用户交互层面。海量智能设备的应用为瞬息万变的世界赋予动态的数据标签，赋予金融机构以数字方式实时还原物理世界，甚至基于用户需求进行相应交互场景的特征增强及优化的能力。人工智能、物联网等技术的进步可以实现海量数据的实时接

○　资料来源：《博慈55寸液晶拼接屏监控系统入驻中国科学院上海高等研究院》。http://m.365128.com/user/shboci/136995.html.

入、处理以及同步，从事件触发、被感知至实时传输，让金融机构的数据资源整合从公司内部向外部延伸，及时并精准地掌控用户需求及行为的动向，为后期的深度洞察及智能决策提供依据。

> **"5G+智能银行"实现连接无感、服务无界，提升用户体验**
>
> 　　中国建设银行作为智能银行的先行者，在探索 5G 技术与银行业务创新融合的道路上高速前行，积极打造金融科技战略新形态，推出了首批三家"5G+智能银行"，分别亮相北京市清华园支行、兴融支行和建国支行，通过 5G、物联网、人工智能等新技术，将金融、社交、生活等场景相连接，为客户带来"更智能""更快捷""更温馨"的全新体验。
>
> 　　**智能设备自动感应，充分保护客户隐私**。在建行首批"5G+智能银行"之一的清华园支行内，摄像头、传感器等设备能够自动感应，在客户办理业务时会第一时间识别客户、锁定舱门，当客户进入舱内后，经过特殊设计的外置舱门随即雾化，充分保证客户隐私。而且若发生完成业务办理但未退卡等情况，会及时提示客户。这一系列智能感应系统均由物联网平台智能控制、精准协同，为客户隐私保驾护航。
>
> 　　**实时数据信息共享和反馈，及时调节现场情况**。清华园支行网点内的物联网平台可以采集到实时数据信息并实时共享反馈给客户和后台，使得客户和后台对网点的情况有全方位的掌握并进行适当的调整。比如物联网平台会采集推送网点的客流量，并根据现场信息改善物理环境，动态调整灯光、空调、新风等，让人感觉温馨舒适的同时，实现绿色、节能和环保。

除建设银行以外，其他银行也纷纷开始了"5G＋智能银行"的探索。浦发银行在"5G＋智慧网点"中也推出了由空气虚拟成像技术和 AR 眼镜组成的沉浸式体验空间。用户在接受网点服务的过程中，遇到自助无法完成、专业度较高的业务时，可远程连接理财顾问，以全息投影的方式，理财顾问将栩栩如生地"出现"在客户面前，提供"面对面"的服务，同时，对话过程中涉及的信息也将以混合现实的方式真实展现，让用户体验亲切真实的服务。

实时数据在银行风险管理中的应用已是常态。在亚太地区，对银行的信用卡、借记卡进行实时交易风险管理基本已在 2010 年实现。对于保险行业而言，在 5G 网络时代，实时数据的应用有望提升承保过程中的风险管理能力，相应的经济价值得以凸显。特别是保中环节的风险特征会因实时客观数据及多类智能设备的应用更加清晰地呈现，从远程信息处理、卫星图像到可穿戴技术再到属性传感器，越来越多的新兴技术产生新的数据流，提供具有风险内容的动态信号，为保险公司的风险管理提供更加实时和精准的信息。另外，全面多维的数据为保险公司开辟新的市场、创新保险产品提供了可能，一些传统意义上无法评估的风险将可以被计量、被定价，可保风险的范围将得以拓展，从而衍生出多种多样的创新型保险产品，助力保险公司开辟蓝海市场。

3.2 5G 数据的应用规范

5G 数据为金融业带来机遇的同时，挑战也接踵而至，从世界范围来看，数据治理是当下全球各国政府关注的重点，亟待顶层设计更好地促进各个行业数字化转型的进程。在政策制定方面，美国已出台了一系列关于数据治理的法案和政策，旨在规范数据开放、信息公开（自由）、个人隐私保护、电子政务、信息安全和信息资源管理等多个方面的数据问题（表3-1）；欧盟推出欧洲通用数据保护法规（GDPR），制定了在大数据、云计算、物联网和社交媒体时代在线服务商收集、利用欧洲用户个人数据的规则。

表 3-1 美国数据治理相关法案和政策

涉及内容	政策名称
数据开放	奥巴马总统备忘录《透明与开放政府》（2009 年）、管理与预算办公室（OMB）备忘录《开放政府指令》（2009 年）、OMB 备忘录《开放数据政策》（2013 年）
信息公开（自由）	《信息自由法》（FOIA）（1967 年）、《联邦咨询委员会法》（1972 年）、《阳光下的政府法》（1976 年）
个人隐私保护	《隐私法》（1974 年）、《文书削减法》（1980 年）
电子政务	《信息技术管理改革法》（1995 年）、《电子政务法》（2002 年）
信息安全	《国家机密信息分类》[13526 号行政命令]（2009 年）、《受控非保密信息》[第 13556 号行政命令]（2010 年）
信息资源管理	《联邦信息资源管理》（2000 年）、《电子政务法》（2002 年）

资料来源：众安金融科技研究院

从我国的情况来看，数据治理相关政策正在紧锣密鼓地制定之中。2015 年国务院发布《促进大数据发展行动纲要》（国发〔2015〕50号），全面推进我国大数据发展和应用。2019 年 5 月 28 日，国家互联网

信息办公室就《数据安全管理办法（征求意见稿）》公开征求意见。对
网络运营者收集数据、处理使用数据以及数据的安全监督管理做出了较
为详细的规定，旨在保护公民、法人和其他组织在网络空间的合法权益。
中国人民银行于 2019 年 8 月发布《金融科技（FinTech）发展规划
(2019—2021 年)》（银发〔2019〕209 号），强调加强大数据战略规划
和统筹部署，加快完善数据治理机制，推广数据管理能力的国家标准。
在 2020 年 3 月，中共中央政治局常委会提出加快 5G 网络、数据中心等
新型基础设施建设进度。同年 4 月，中共中央国务院印发《关于构建更
加完善的要素市场化配置体制机制的意见》，指出要加快数据要素市场
的培育。同月，由国家发展和改革委员会、中央网信办印发的《关于推
进"上云用数赋智"行动培育新经济发展实施方案》明确了数字技术是
新一轮技术革命和产业变革的重点方向，产业数字化转型为培育经济增
长新动能提供重要引擎的政策方向。

具体到行业，银保监会于 2018 年发布《银行业金融机构数据治理
指引》（银保监发〔2018〕22 号），指导银行业金融机构加强数据治
理，提高数据质量，发挥数据价值。央行也于 2019 年 10 月向部分银
行下发了《个人金融信息（数据）保护试行办法》初稿，重点涉及完
善征信机制体制建设，对金融机构与第三方之间的征信业务活动等进
一步做出明确规定，加大对违规采集、使用个人征信信息等行为的惩
处力度。

整体来看，从中央到地方都日益关注数据合规及治理、数据资产
管理等领域的发展，数据流通、数据安全、数据标准等均有相应法律
法规及行业规范陆续出台，以政策助力我国各行各业逐步向数字化、
智能化升级转型（表 3 - 2）。

表 3-2 我国大数据相关政策一览表

发布时间	发布主体	政策名称	核心内容
2020/10/1	国家市场监督管理总局、国家标准化管理委员会	《个人信息安全规范》（2020）	包括对个人信息保护全生命周期的详细规定，涵盖收集、授权同意、委托处理、数据共享等方面
2020/5/28	全国人大	《中华人民共和国民法典》	对个人信息的定义做了规定，在保护原则上对《网络保护法》的同意原则做了有益突破，为信息保护提供了民法基础
2019/10/9	中国人民银行	《个人金融信息（数据）保护试行办法》（未发布）	重点涉及完善征信机制体制建设，将对金融机构与第三方之间的征信业务活动等进一步做出明确规定，加大对违规采集、使用个人征信信息等行为的惩处力度
2019/8/22	中国人民银行	《金融科技（FinTech）发展规划（2019—2021年）》（银发〔2019〕209号）	加强大数据战略规划和统筹部署，加快完善数据治理机制，推广数据管理能力的国家标准
2019/7/2	国家互联网信息办公室、国家发展和改革委员会、工业和信息化部、财政部	《云计算服务安全评估办法》（2019）	明确云计算服务安全评估重点评估内容
2019/6/28	工业和信息化部	《电信和互联网行业提升网络数据安全保护能力专项行动方案》（工信厅网安〔2019〕42号）	立足我部行业网络数据安全监管职责，开展为期一年的行业提升网络数据安全保护能力专项行动，加快推动构建行业网络数据安全综合保障体系，为数字经济发展提供有力保障和重要支撑

（续）

发布时间	发布主体	政策名称	核心内容
2019/5/28	国家互联网信息办公室	《数据安全管理办法（征求意见稿）》	对数据收集、数据处理使用、数据安全监督管理做出明确规定
2019/1/21	工业和信息化部、国家机关事务管理局、国家能源局	《三部门关于加强绿色数据中心建设的指导意见》（工信部联节〔2019〕24号）	提出提升新建数据中心绿色发展水平，加强在用数据中心绿色运维和改造等重点任务
2018/5/21	中国银保监会	《银行业金融机构数据治理指引》（银保监发〔2018〕22号）	明确了数据治理架构；提高数据管理和数据质量质效；明确全面实现数据价值的主要要求；加强监管监督
2018/5/4	国家信息中心	《我国大数据交易的发展现状、面临困难及政策建议》	介绍了我国大数据交易平台建设进入井喷期，大数据交易变现能力有所提升，但是整体仍处于起步阶段的现状，以及数据交易环境有待完善，数据交易以"粗放式"为主等现实困境，提出了加快标准立法建设，优化数据交易环境等突破路径
2016/12/18	工业和信息化部	《大数据产业发展规划（2016—2020年）》（工信部规〔2016〕412号）	详细描述我国发展大数据产业的基础、"十三五"时期面临的形势，对大数据产业的指导思想和发展目标、重点任务和重大工程做出详细规划
2016/8/3	北京市人民政府	《北京市大数据和云计算发展行动计划（2016—2020年）》（京政发〔2016〕32号）	提出夯实大数据和云计算发展基础，推动公共大数据融合开放，深化大数据和云计算创新应用，支持大数据和云计算健康发展

（续）

发布时间	发布主体	政策名称	核心内容
2015/9/5	国务院	《促进大数据发展行动纲要》（国发〔2015〕50号）	详细描述当前大数据发展形势和重要意义，介绍该行动纲领的指导思想和总体目标，以及部署未来5到10年的主要任务
2015/7/1	国务院	《国务院办公厅关于运用大数据加强对市场主体服务和监管的若干意见》（国办发〔2015〕51号）	强调运用大数据加强对市场主体服务和监管的重要性，提出运用大数据提高为市场主体服务的水平与加强和改进市场监管的建议，以及列出重点任务分工及进度安排表
2015/3/19	国务院	《国务院办公厅关于创新投资管理方式建立协同监管机制的若干意见》（国发〔2015〕12号）	提出运用互联网和大数据的技术来创新监管的方式

资料来源：众安金融科技研究院

第 4 章

设备：智能设备的方方面面

实体世界数据化重构的基础在于智能设备的"感知"以及万物互联的网络升级。事实上，在 5G 商业化进程中，最为典型的现象就是物联网应用以席卷之态势为各类物品、生命以及空间赋予数字标签，从车间设备至智慧城市，借助智能设备，万事万物不仅以数据流的形式还原了实体世界，并且以广泛、稳定的网络连接逐渐让数据流形成泛在的感知。

对于金融业而言，在即将开启的 ICT[⊖]技术转型升级的战略机遇期，一系列新兴技术在社会各个层面广泛应用，将会以何种形式、何种节奏，导致何种影响？回答该问题的关键突破口就在"智能设备"端。回顾智能设备端的发展历程，历次通信技术的变迁都会引发产业发展的周期性传导：即从"网络"到"终端"再到"应用"的传导，这其中终端的战略意义尤为重要。首先，终端的出货量、品牌渗透率等决定了终端厂商利益相关者的战略发展节奏。以 5G 的发展周期来看，工信部于 2019 年 6 月 6 日正

⊖ ICT 是信息（Information）、通信（Communication）和技术（Technology）三个英文单词的首字母组合。它是信息技术与通信技术相融合而形成的一个新的概念和新的技术领域。

式向三大运营商及中国广电发放了 5G 商用牌照，预示着我国正式步入了 5G 商用时代，同时，从侧面反映了我国 5G 网络的建设已能支撑日常的商用运营，当前，产业周期已从"网络"传导至"终端"。

在 5G 时代，智能终端产品将以 5G 手机为核心基点，搭建相关的商业生态，辐射至人们生活的各个方面。金融相关产品或服务也将迎合新一代科技的发展趋势，重构金融产品及服务体系，打造金融服务的新时代体验。

4.1 5G 时代形形色色的智能终端

在 5G 时代，消费级智能终端的种类更为广泛，从 5G 手机、AR/VR 终端，至智能家居等各类传感终端，涉及人们生活的方方面面，给商业机构设计与构建更多元、更细致的用户体验带来了无限可能。据华为研究院公布的数据，预计 2025 年全球智能终端将达 400 亿台，其中智能家居设备占比最大，将达 200 亿台，手机与可穿戴设备平分秋色，将各达 80 亿台；据 IDC 预测，到 2023 年，AR/VR 设备出货量将达 7 亿台左右，两类设备的出货量大致相当。从用户交互频率及终端覆盖率的角度来看，手机与可穿戴设备仍将是触达用户的主要载体；而从交互体验的角度来看，AR/VR 因具备了 5G 特有的交互新颖性，将为交互场景的设计带来更多创新的可能性。

5G 网络相较于 4G 网络有四大优势，分别是高速度、低时延、低功耗、泛在网。具体来看，高速度即 5G 网络下数据传输速率远远高于以前的蜂窝网络，最高可达 10Gbps，比先前的 4G LTE 蜂窝网络快 100 倍，整部超高画质电影可在 1 秒之内下载完成，5G 手机在高速网络的加持下将出现新的现象级应用，形成新的需求增长点。低时延指更低的网络延迟，相较于 4G 的 30 到 70 毫秒，5G 网络延迟降至 1 毫秒，使得无人驾驶、远程医疗、VR 游戏等对网络响应速度要求较高的应用得以更好地发展。5G 低功耗的特点使终端可以在始终保持网络连接的前提下维持低功耗的"省电"状态，使终端尤其是可穿戴设备的续航时间延长，解决目前智能手表等可穿戴设备需要频繁充电的问题。此外，泛在网（指在社会生活的每一个角落都有网络存在）的出现进一步促进了万物互联，手环等可穿戴设备及智能家居都将接入物联网，开启智慧生活。

4.1.1 5G 手机

手机是用户使用频率最高的终端设备，是与用户建立频繁交互的重要终端。根据中国质量认证中心官网显示，截至 2020 年 6 月 4 日，已有来自华为、中兴、OPPO 等品牌的 265 款 5G 手机获得 3C 认证，中国正式迎来手机 5G 时代。

预计到 2023 年，5G 手机的市场份额将达到半数以上，中国将成为全球最大的 5G 智能手机市场。Canalys 最新发布的 5G 智能手机全球预测报告显示，到 2023 年，全球 5G 智能手机出货量将达到 8 亿台，占整个智能手机市场份额的 51.4%。此外，自今年第一批 5G 智能手机推出后，Canalys 公司还预测，2019 至 2030 年，全球 5G 智能手机的总出货量将达到 19 亿台，年均复合增长率将达到 179.9%。地区方面，中国将是全球最大的 5G 智能手机市场，出货量预计将占全球市场的 34%。北美市场的 5G 智能手机出货量位列其次，将占据 18.8% 的市场份额，而亚太其他地区将以 17.4% 的市场份额位列第三。Canalys 认为，很多重要的 5G 设备供应商和智能手机厂商都位于中国，它们将在未来几年大力推广这项技术。

此外，由于 5G 网络的支撑，手机端的创新应用有了更多的可能性。从 2G/3G/4G 通信的发展历程来看，都是先有了通信技术的革命性变化，才衍生出某个时代的"现象级"应用，比如 3G 时代的微信，4G 时代的短视频应用。5G 时代也将会出现契合 5G 网络"高速率、低时延、大带宽"等特性并具有场景化特点的新功能，比如可用于会议、娱乐的超高清多人即时视频，基于多种摄像头、传感器的新型交互程序，基于高速度、低延迟网络的云游戏等。同时，新功能的出现也有望倒逼手机厂商提升手机硬件性能。

伴随着 5G 网络高传输速率和低延迟等特性的发挥和人工智能技术的发展，智能语音助手（VPA）在手机端的地位也将得到凸显。VPA 能够主动、智能、及时地向用户推送所需信息，提供定制化的服务，还可通过智能终端的摄像头实现对外部景物的快速理解与交互，或将成为未来人机交互的核心基础。英国市场调研公司 Juniper Research 预测，从 2018 年年底到 2023 年，搭载智能语音助手的设备将从 25 亿台增加到 80 亿台。华为预测 2025 年个人智能助理普及率将达 90%。而智能手机是搭载语音助手功能最多的设备，大部分语音助手的使用都发生在智能手机上，基于 5G 网络的智能手机，将成为 VPA 的主要载体（图 4-1）。

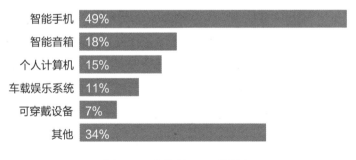

图 4-1 各终端 VPA 使用率

资料来源：Uberall

4.1.2 可穿戴设备

可穿戴设备指可直接穿戴在身上的智能设备，主要有智能手表、智能手环、智能耳机等类别。可穿戴设备最早的代表是 2012 年谷歌推出的

Google Glasses，近年随着苹果、小米等厂商的进入，全球总出货量不断攀升。相关厂商主要有苹果、Fitbit、小米、华为等。根据 IDC 公布的全球季度可穿戴设备数据，2019 年第一季度全球可穿戴设备出货量达 4,960 万台，比上一年增长 55.2%。随着 5G 技术的逐渐发展，高速率、低时延的 5G 通信将为可穿戴设备创造更多的应用场景，使可穿戴设备智能化，迎来新的发展空间。

近年来，智能手表已取代手环成为最受欢迎的可穿戴产品。2016 年以前，Fitbit 以其产品种类多及价格幅度广的手环产品稳居可穿戴设备出货量第一品牌；2017 年第一季度起，小米的拳头产品——物美价廉的小米手环出货量超越 Fitbit；随着智能手表 Apple Watch 第三代的发布以及智能耳机 Airpods 突破产能瓶颈，智能可穿戴设备逐步成为消费者首选，2017 年第四季度起苹果超越 Fitbit 及小米，成为可穿戴设备出货量最多的品牌（图 4-2）。

在 5G 通信技术的支持下，5G 可穿戴设备具有高速率、低延迟、长续航的特点。

- 高速率：5G 网络高达 10Gbps 的传输速率为可穿戴设备的通信奠定了基础，使可穿戴设备可以独立连接服务器进行实时通信，高速上传、下载信息，为更多的功能和场景提供支持。

- 低延迟：5G 的低时延性可以减少可穿戴设备的通信延迟，使得可穿戴设备应用场景更广，可以满足医疗等对于响应速度要求较高的领域的要求。

- 长续航：5G 技术有望带来的低功耗将提升可穿戴设备的续航时间，改变过去智能可穿戴设备耗电量过多的情况，减少充电次数，提升用户体验。

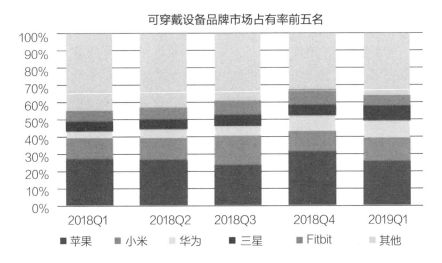

图 4-2　苹果是目前出货量最大的可穿戴设备品牌

资料来源：ITC

随着 5G 技术的发展和传感器技术的成熟，将出现更多智能化的运动类可穿戴设备。同时，随着"健康中国"被提升为国家战略，一系列鼓励支持政策陆续出台，居民健康生活意识崛起，也能激发对运动健康类可穿戴设备的需求。过去的智能手环等可穿戴设备在功能上主要以记录为主，即在运动过程中识别运动的类型，并检测心率；运动结束后将里程、配速、卡路里消耗量等数据展现给用户，与用户之间并无太多交互。在 5G 技术的加持下，智能手环等可穿戴设备将可以与服务器高速率、低延迟地交换信息，从而为使用者提供实时的动作修正和健身建议，成为一个虚拟的健身教练。

5G 网络能更好地支撑可穿戴设备对使用者的多项重要生理指标进行持续监测及自动预警，也为 5G 远程医疗提供了条件。在远程健康监测中，可穿戴设备（如心脏监护仪和血糖监护仪）需要对中央数据存储库进行高频实时更新，这一愿景在 5G 网络支撑下将得以实现。此外，通过 5G 网络实现即时互联，可以让可穿戴设备摆脱目前需要连接手机的束缚，即时监测血压、血糖、心率等健康数据并上传，实现体征数据的实时监控，从而为医院、保险公司等机构的健康监测提供依据。目前患者术后需要在医院进行长期的观察，医生也需要定期到病房查看患者的血压、心率等健康指标，通过让患者佩戴手环、血压计等可穿戴设备，医生可以远程监控患者的健康状况，当指标偏离正常区间时还可触发警报，简化医护人员定时查房检测的流程，有效节约了医疗资源。

◉ 案例 1　基于 5G 网络的远程医疗

当前我国医疗资源分布不均衡，尤其是偏远地区的医疗资源匮乏。5G 远程医疗的逐渐成熟将打破区域限制，促进医疗资源的流动，减少看病的时间成本，从而缓解看病难的问题。此前互联网医疗应用多集中在健康咨询、预约转诊等领域，随着 5G 网络的应用以及 5G 技术和其他前沿技术的融合，远程手术、健康监测等技术要求较高的应用场景也将得以实现。

可穿戴设备主要应用于 5G 医疗中的无线监护环节。无线监护指对患者的生命体征进行实时、连续和长时间的监测，并将获取的生命体征数据和危急报警信息以无线通信的方式传送给医护人员。无线监护主要针对两种患者。一是术后患者，术后患者早期下床活动，可以帮助患者康复，预防多种术后并发症，但术后病情变化风险大，医护人员需要持续对患者的生命体征进行监护；二是突发性疾病如心脏病患者，这类患者在正常活动状态下也需进行生命体征监护。对这两类患者，医院可采用无线可穿戴设备监护，实现无活动束缚的持续监护。无线监护使医护人员可以实时获悉患者当前状态，做出及时的病情判断和处理，同时也有望解决我国目前医疗体系"重治疗，轻护理"的问题。无线监测需要持续、实时、动态地反映被监测者的生命体征情况，且必须低延迟，5G 网络的特性使5G 可穿戴设备很好地契合这些要求，在此领域有望大量应用。

可穿戴设备还可应用于患者定位管理（图 4-3）。在日常工作中，医护人员需要定期巡视病房查看患者住院情况，当发现患者未经批准离开病区时，则应立即联系家属，查看监控，请求安保人员在全院区范围搜寻，消耗大量人力、物力。随着无线定位技术在医疗中的应用，可以通过让患者佩戴可穿戴设备，实现医护人员远程查看患者的实时位置，节省定期巡视的工作量，节约医疗资源。

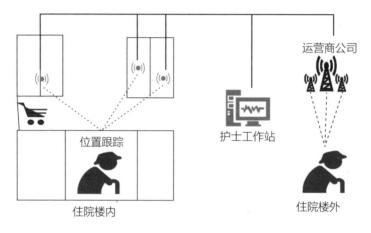

图 4-3　患者定位管理示意图
资料来源：华为《无线医疗白皮书》

▶ 案例2　基于5G 网络的保险

5G 可穿戴设备的发展，为保险公司带来了新的机遇。过去保险公司较少参与保中的监护环节，现在通过让客户佩戴可连接5G 网络的智能可穿戴设备，可以对客户的健康数据、生活习惯进行实时监测，赋予保险公司健康管理服务提供者的角色，可有效减少保中环节风险事故的发生，进而降低健康险的赔付率，同时有利于保险公司掌握一手健康数据，为未来发展奠定数据基础。具体而言，可穿戴设备对保险行业的改变将集中体现在以下两个方面：

从提供产品到提供服务。传统的健康险与寿险多为一次性补偿用户住院费用或给付约定金额，保险公司往往只参与承保和理赔环节，对于保中环节则较少参与。过去的 4G 网络难以满足传感器对速率、延时性等方面要求。随着 5G 时代的到来，可穿戴设备可由原来的需要连接手机等终端变为与设备提供商直连，传输速率也将大幅提升。当用户的健康指标偏离正常值时，保险公司可以及时得知并向用户发送风险预警及健康建议。当用户发生摔倒、昏迷等紧急情况时，还可以配合医院紧急调度救援人员。这样，保险公司的角色就由单一的产品销售商转变为用户的健康管理服务提供商，参与到保中的风险服务中来。这将有助于拉近与客户之间的距离，减少不必要的健康问题，从而降低赔付率。

从依赖于渠道销售到渠道分发。传统的健康险、寿险多依赖于代理人、银保等渠道进行销售，保险公司需要支出大量的渠道费，且在渠道上受制于人。随着 5G 技术的发展，保险公司可以构建自营渠道，借助各类场景进行销售。同时，保险公司还可以与可穿戴设备厂商合作，通过定制的专属可穿戴设备，开发新型保险服务。比如，承保心血管疾病的保险搭配可以实时监测并上传心率的手环，当心率异常时即发出预警，保险公司便可提醒用户前往医院检查，减少潜在的心血管疾病风险。通过这种方式，保险公司不但可以开辟各种新的场景，使产品销售不再受制于渠道，当照护、医养等机构有需要时，保险公司还可以提供合作，有望使保险公司从一个依赖渠道的销售者，变为渠道的分发者，在未来的发展中掌握主动权。

4.1.3 VR/AR

VR，即虚拟现实技术，是一种可以创建和体验虚拟世界的计算机仿真系统，其原理是使用计算机及全景摄像机产生虚拟环境，在计算机仿真系统中将交互式的三维动态视频在用户视野内展现，同时利用计算机技术模拟用户的行为，让用户沉浸在虚拟世界中。AR，即增强现实技术，是一种实时地计算摄影机中影像的位置及角度并加上相应图像的技术，这种技术可以在屏幕上把虚拟世界"套"在现实世界中并进行互动。VR 通过隔绝式的音/视频内容带来沉浸式体验，对显示画质要求较高，也要求高速网络传输；AR 则强调虚拟信息与现实环境的无缝融合，对感知交互要求较高，要求低延迟通信。

VR/AR 终端出货量正迎来快速增长，AR 设备增长尤为迅速。根据 IDC 预测，从 2019 年到 2024 年，VR 和 AR 设备出货量将迎来快速增长，尤其是 AR 设备，其出货量将在 2023 年与 VR 设备数量大致相当。二者合计出货量在 2023 年预计将达 7 亿台（图 4 - 4）。根据 Strategy Analytics 统计，2018 年全球 VR 设备市场份额前三名分别为索尼、Oculus 和 HTC（图 4 - 5）。

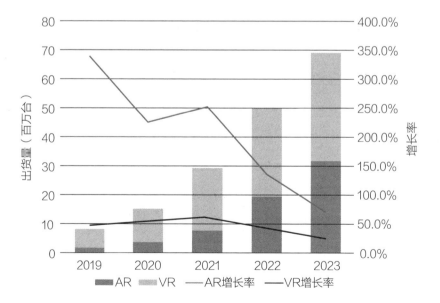

图 4 - 4　全球 AR/VR 设备出货量预测

资料来源：IDC

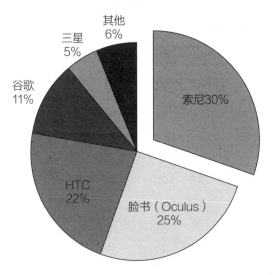

图 4-5　2018 年全球 VR 设备市场份额

资料来源：Strategy Analytics

在 5G 通信技术的支持下，VR/AR 设备可实现超高清画面的高速、低延迟传输，解决 4G 网络下画面质量不高、画面卡顿导致眩晕等问题。

高速率传输提升画面质量。在 VR/AR 技术中，超清画面内容的实时传输对网络带宽提出了极高的要求。5G 网络的峰值传输速率可以达到 20Gbps，这意味着全景视频可以在线实时观看，一部 4k 影片可以实现秒级下载，高速率传输使高清优质内容出现在 VR 平台上成为可能。

低时延通信优化用户体验。语音识别、视线跟踪、手势感应等都需要低延时处理，对网络超低时延也提出了较高的要求。在 5G 时代，当用户发出相应请求，网络的边缘节点（更靠近用户的微基站）会快速响应，使得数据在更短时间内到达，并且用户也会从微基站得到反馈。正是这种有别于以往的高效模式，使得5G网络可以大大缩短终端侧VR应用的时延，依据相关理论推测，5G网络将实现1ms以内的传输时延，人眼正无法感知这种延迟，使用户体验得以优化（图4-6）。

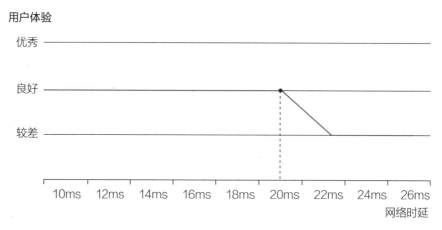

图4-6　VR用户体验与网络时延的关系

资料来源：华为研究院

5G技术推动云VR发展。VR/AR需要强大的数据传输、存储和计算功能，这些数据和计算密集型任务如果转移到云端，就能充分利用云端服务器的数据存储和高速计算能力，即云VR（Cloud VR）。这样，将计算复杂度高的渲染上云，再通过高速、低延迟的5G网络将画面传至设备，可以大幅降低VR终端的渲染计算压力，既能减少卡顿、提升画面质量，又能使VR终端以轻量的方式和比较低的消费成本被用户所接受。实时CG类云渲染VR/AR需要低于5ms的网络时延和高达100 Mbps至9.4 Gbps的大带宽，只有5G的网络环境才可以满足这些条件（图4-7）。

	阶段0/1	阶段2	阶段3/4
VR应用及技术特点	PC VR｜移动 VR  游戏、建模｜360视频、教育 （本地渲染动作，本地闭环）（全景视频下载，动作本地闭环）	云辅助 VR 沉浸式内容、互动式模拟、可视化设计 [动作云端闭环，FOV（+）视频流下载]	云 VR 超高体验的游戏和建模，实时渲染/下载 [动作云端闭环，云端CG渲染，FOV（+）视频下载]
AR应用及技术特点	2D AR 操作模拟及指导、游戏、远程办公、零售、营销可视化 （图像和文字本地叠加）	3D AR / 混合现实 空间不断扩大的全息可视化，高度联网化的公共安全AR应用 [动作云端闭环，FOV（+）视频流下载]	云 MR 基于云的混合现实应用，用户密度和连续性增加 （图像上传，云端图像重新渲染）
连接需求	4G和Wi-Fi 内容为流媒体 20 Mbps+50ms时延要求 以Wi-Fi连接为主	4.5G 内容为流媒体 40 Mbps+20ms时延要求	5G 内容为流媒体 100 Mbps~9.4Gbps+2~10ms时延要求

图4-7 AR/VR的阶段演变

资料来源：华为研究院

❖ 应用领域 1　5G 无人银行

在 5G 网络技术支持下，银行网点进一步向智能化方向演变，无人银行升级为 5G 无人银行。相较于之前的无人银行，5G 无人银行主要借助 5G 高速通信的特性，配合 VR 等新兴技术，进一步提升客户体验。2019 年 6 月份，建设银行北京分行首批三家 5G 科技无人银行已经正式投入使用（图 4-8）。

图 4-8　建行 5G 科技无人银行

资料来源：建行

VR 技术在无人银行中展现出丰富的应用场景。建行在其无人银行中设置了基于 VR 技术的"CCB 建融家园 VR 看房系统"，助力建行开展金融支持下的住房、租房市场业务（图 4-9）。该系统使客户可以通过 VR 预览房型，所有房型都是根据实际房东的房间制作的 3D 动画模拟，操作简便且真实度高。另一方面，无人银行无法办理的业务可通过基于 VR 技术搭建的 VIP 室与云端客服视频连线，进行远程办理。基于 VR 设备的高清 VR 视频增加了客户的沉浸式体验。

图 4-9　VR 支持的建融家园
资料来源：建行

　　VR 技术在银行中的应用对保险公司而言具有借鉴意义。目前，VR 和 AR 在无人银行中的应用主要体现在验证和体验方面，即人脸识别、账户识别等身份验证类功能和 VR 看房、VR 财富顾问等虚拟体验类功能。这与保险行业有很好的契合度，未来这些技术的应用有望进一步延伸到保险领域。例如，未来的保险营业部也可以使用 AR 技术对客户进行实时身份验证；财险公司可以使用 VR 技术对客户进行教育，让其体验疲劳驾驶或醉驾时的第一视角，从而减少潜在事故的发生。

◈ 应用领域 2　保险教育、保险营销

　　VR 和 AR 视频可使用户获得沉浸式体验，远比触屏获得的信息更为直观，可以显著提高受众的体验，将 VR/AR 技术应用在保险教育和保险营销领域，有望收获很好的效果。目前已有保险代理人、保险经纪公司等通过抖音、快手等小视频 App 向目标群体提供健全的保险知识体系，进而推出智能化的保险测评、分析工具和个性化的顾问咨询服务，最终促成目标

群体转变成实际用户，整体来看，抖音保险"网红"的受众相对较广，不乏拥有数百万粉丝的保险"网红"（图4-10）。但是，通过音画传播信息的小视频，往往不能给客户充分的代入感，因此这些保险类小视频的实际客户转化率并不高。相较于手机端的小视频，VR视频可以带给用户更佳的沉浸式体验，将其应用在保险教育领域，有望提高转化率，获得比传统小视频更好的效果。

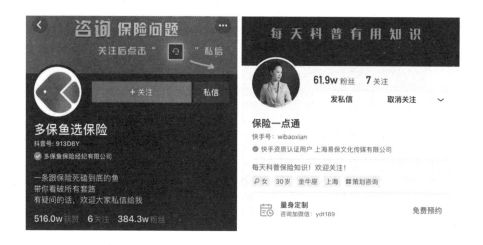

图4-10　目前抖音等App上已有保险教育类视频
资料来源：抖音、快手App

VR保险营销可以改善用户体验，进而提升营销效果。在保险营销领域，虚拟现实技术与传统营销形式（背景宣传、产品介绍、预先体验等）相结合，可弥补传统媒体的不足，让用户从被动接受到主动体验，帮助用户更清晰地了解产品，切身感受产品优势。VR保险营销可以借助VR技术沉浸感强、交互性强的特点，化被动为主动，帮助用户更清晰地了解产品。同时VR保险营销还可以在经过用户允许的前提下更加全面、便捷地采集用户的行为数据，如用户视线停留在哪部分的时间最长、用户有哪些操作习惯等，用来支撑大数据下的用户行为分析，以实现精准有效的数字营销。

4.2　5G 时代从产品、服务到体验的战略应对

4.2.1　感官体验的重构：虚拟与现实的结合

决定用户消费意愿、消费动机乃至最后转化环节的核心是体验。体验场景少不了人与人的连接，而在场景中生成的体验层次则决定了场景的真实性。其中，体验感的真实性及可持续性则是真实场景形成的决定性要素。此外，不仅仅是体验的层次性，体验还要有足够的细节才能更加真实，细节的优化和补充促进了场景交互的修正和完善。

特定场景会唤醒消费者的消费欲望。用户行为总是在一定的场景下发生的，传播学理论认为新的电子媒介的出现和应用带来了不同场景间的融合和相互作用，从而孕育了更多的新生场景，促进了社会角色的重组，最终改变了大众的行为模式，即新的技术造就了新的场景，继而改变了人的行为。

在场景消费时代，"场景"已不是单纯的名词，更是重新定义和改变人与商业关系的连接；新的体验，伴随着场景创造；新的流行，伴随着场景洞察；新的生活方式，则来源于这新场景的流行（图 4-11）。

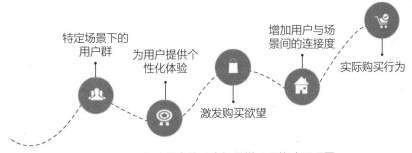

图 4-11　体验带来的现实场景增强再构建原理图

资料来源：众安金融科技研究院

用户在特定场景下的需求的确定性一般较强，基于这种确定性，产品方更易设计出符合用户需求的个性化体验，带给用户更深度的沉浸感与乐趣感，借此增加用户与产品的交互深度，提升交互频率，进而增进用户与场景间的连接。体验作为场景在商业运用中的首要原则，是通过不断地满足用户需求和激发用户新需求，对场景进行大范围、多维度的重塑和改造；场景的本质是即时连接，5G 物联网技术和终端产品的普及对商业进行了动态重构，让场景形成一种多元的碎片；社群的动力推动属性又给予了内容可复制性，极大地促进了内容的大规模传播和用户的涉入感。数据作为新时代的又一标签，通过对用户数据的分析构建底层的引擎和枢纽，驱动场景对商业模式的重构进程。

4.2.2　服务体验的重构：智能生活的方方面面

实体场景主要营造体验，提供的不只是产品和服务，而是一种丰富的感受，一种可以在每个消费者内心引起共鸣的综合体验。当消费者进入一个特定场景时，产品的有序排列、店员的热情服务都会使消费者迅速沉浸到该场景中去。营造体验首先要求产品做到感官化，用最直接的方式让产品更易体验，如线下场景借助线上的内容分发和社群分享，让用户对产品形成直观印象，借此促进顾客和产品的互动。体验的目的不是娱乐，而是吸引用户的参与。VR、AR 带来的沉浸式体验，也能有效地提升用户的参与水平，增加用户与特定场景间的连接度，促成用户的购买行为。

5G 时代的无人银行网点内大量布放并被频繁使用的智慧柜员机，正是"5G＋智能银行"金融业务办理的核心。账户服务、个人贷款等对私业务，单位结算卡、对公预开户等对公业务，个人手机银行、网上银行签约业务，转账、汇款等支付结算业务及外汇业务等 19 大类、近 300 项功能都可以在智慧柜员机上快捷实现。

借助 5G 信号的帮助，用户可以体验到无延迟的远程"一对一"专家服务，这与在传统网点能体验到的面对面服务几乎没有差异。"5G + 智能银行"提供了一个共享社区，业务、娱乐、设备在 5G 及物联网技术应用下无感连接；在满足快捷金融服务的基础上，"5G + 智能银行"还能部署便民缴费、预约挂号、公积金等服务，凸显银行的社会服务属性。对客户来说，"5G + 智能银行"与传统网点最大的不同，体现在网点设计更具科技感，金融太空舱、智能家居、汽车金融体验、远程直播等都是传统网点所无法提供的。

从价值的角度来看，这种 5G 技术加持下的智能设施增强了现实场景并构建了新的体验场景，科技带来的新奇体验带给用户满足感，并逐渐实现从业务办理功能到用户利益维护再到用户对品牌的信任的高层次转换。同时，智能设施中的科技细节也促进了用户与场景之间交互行为的修正和完善，在交互中改变了用户的行为、消费模式，使场景成为最佳的线下流量入口。

未来，伴随着越来越多智能设备投入应用，场景会逐渐多元和碎片化，用户与场景的交互带来的消费体验也会在满足用户需求的基础上，激发出用户的新需求，并大范围、多维度地重塑和改造场景，对场景消费模式产生重构甚至颠覆性的影响。

试举乌克兰的一例 AR 应用，为有效管理路面交通状况，在斑马线前设置了增强现实场景的智能信号灯，当红色信号灯亮起时，为避免行人闯红灯发生意外，道路两旁的 AR 设备会投射出红绿灯幕墙，将路人拦截在幕墙之外，路人在看到幕墙上的倒计时数字时，会自觉在路边等待，从而有效降低事故发生率（图 4 - 12）。

图 4－12　乌克兰街头红绿灯幕墙
资料来源：爱奇艺视频

　　这也是技术对于现实场景的增强再构建的一个例子，借助技术来增强人对场景的沉浸式体验，从而对现实场景建立更加清晰的认知，进一步改变人的行为模式。幕墙上的倒计时数字是路人与场景交互时的细节体验，这些细节使场景更加真实，也促使了路人采取遵守交通规则的行为。

第 5 章

场景：线上线下的融合创新

在单一场景之下，人们的行为动机容易被熟悉的环境所唤醒，从而使得人们的行为更容易被辨识及预测，这一发现解释了场景化策略在金融应用中的经济价值。在 5G 时代，不仅线上与线下会相互融合，现实场景还会重构以唤醒人们行为的潜在动机或需求，从而使金融机构能够提供更为合理的、个性化的金融服务。在不同场景下，借助电话、网站、App、小程序、微信公众号等各种渠道，金融机构也将为用户提供前置式自主服务和引导式服务。

5.1　5G 时代的场景新形式

5.1.1　线上线下场景再融合

在"万物互联"的时代趋势下，信息传感器和智能设备与互联网的连接构成了巨大的信息共享网络，同时也覆盖和创造了丰富的消费新生场景。一款智能手机、一个简单的二维码都可以将线上场景和线下场景连接起来。

同时，随着 VR、AR 技术以及可穿戴设备的广泛应用，线上与线下消费场景的连接将会更加自然和便捷。在消费领域，线上消费场景的高效化、信息化、系统化等特点是线下场景难以企及的，而线下场景的真实感、可信度、体验感等也是线上消费场景所欠缺的。从线上购买、线下导流的优衣库消费模式的成功，到线上支付激发线下零售模式的崛起，都体现着线上与线下消费场景的融合所带来的商业价值。因此，如何形成优势互补，让线上借助线下打造消费体验，线下借助线上引入渠道和流量，是保险与消费金融未来需要共同研究的一个发展方向（图 5‑1）。

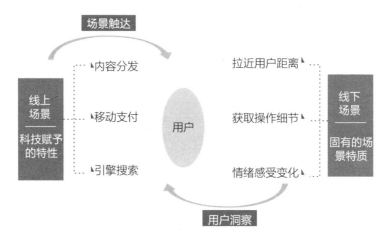

图 5‑1　线上线下场景再融合原理图

资料来源：众安金融科技研究院

线下借助线上完成场景触达

在场景化营销融入各个商业领域的今天，线下实体商家对于消费流量的认知和需求，不仅局限于到实体店消费的消费者，更着眼于实现线上线下流量的交叉互补。而线上消费场景拥有的精准投放、引擎搜索、社群分享、内容分发等多重消费场景入口，是线下商家转变销售模式的关键。在未来 5G 技术支持的消费场景中，一方面，商家可以借助物联网的传感器等设备传来的实时数据来获取商家周边的潜在消费者信息，并通过搜索优化显示、近场推送、优惠券分享等交互方式实现周边商家信息的有效触达；另一方面，商家可提供消费者在线商品对比、商品选择、线上消费等功能，并引导消费者在线下进行消费，实现线上流量的转化。

在星巴克的 App 上，消费者可以选择"啡快"模块，进行"在线点，到店取"，通过在线点单，App 会推荐最近的店面，或者由消费者自主选择取货店面。这种方式减少了消费者在店里排长队等咖啡的麻烦，也使得线下商铺借助线上 App 触达更多客户，增加线下店面的客流量。

在金融领域，银行同样采取"线上预约，线下办理"的业务办理模式，在建行 App 的"网点服务"一栏，用户可以在线预约办理个人业务，进行在线排号，时刻查看排队进程，与在线下网点取号办理业务时享受同样的优先级，同时还能减少用户在线下网点等待的时间，为线下网点吸引更多办理业务的客户。

目前很多银行为避免线下柜台业务办理时"压柜率"过高的情况，合理安排营业效率，均采取线上预约、线下办理的模式，由于部分业务需要线下在网点进行身份验证，所以此种方式一方面减轻了线下业务的压力，另一方面使得线下网点可借助线上 App 上预约用户到访，实现用户触达。

线下借助线上完成场景触达，当线上流量到达线下实体网点时，一方面，消费者的线上消费需求得到满足，还可在线下体验到更加真实、立体、全方位的消费服务，提升消费体验，激发出全新的消费欲望；另一方面，线下流量的增加为商家提供更高的经济收益，商家在触达客户之后也得以直接传递品牌关怀，增加用户黏性，进而在用户中形成口碑效应，提升品牌影响力。

不论是传统零售领域还是金融领域，场景化线上线下融合都需要运营能力的相应提升。5G 时代，数字化转型的重要性与紧迫性已成共识，加速线上渠道的完善，对接线上系统，进而提升在线用户黏性、深挖用户价值，实现流量变现的背后也需要强大的运营能力的支撑；从整个产业的角度来看，场景化的线上线下融合也将形成覆盖生产、运营、管理的全产业链协同的数字化链条。

在金融领域，平安的线上线下融合也是一种对创新模式的探索。平安早在 2017 年就推出了客户端"金管家"App、代理人端"口袋 e"App 与电话客服协同运作的 SAT 模式（Social-Agent-Telephone），通过内容生产、客户洞察、圈子运营、线上直播打造代理人的线上经营能力。内容生产方面，公司大量生产内容投放至代理人端 App 及客户端 App，包括医疗健康、子女教育、理财、健身等与保险销售场景密切相关的热点内容，内容中会插入平安公司或产品的广告，代理人转发内容至社交平台来吸引流量关注。数字化营销工具的使用需要优质内容的支撑，2019 年年底平安招募了一批有经验的媒体工作者，专门负责内容生产，实现内容生产的需求导向、高品质、全场景覆盖，增强内容的吸引力。

从价值的角度来看，数字化的用户交互能够沉淀数据，为客户提供更精准的服务与产品。潜在客户点击并浏览了代理人转发的内容链接后，公司在每一次和客户的线上互动中积累数据，分析客户在哪些内容上停留时间更长、收藏更多，来判断客户的兴趣偏好，从而精准识别客户需求。公司将生成的销售线索及时反馈给代理人，代理人根据客户的需求，提供最及时精准的售前沟通。

此外，线上丰富的内容生态为维系用户带来了更多互动的机遇。平安基于客户端"金管家"App 打造了车主圈、育儿圈、保险圈、健康圈、理财圈、美妆圈等 7 大圈子，均为不同客群最为关注的话题。每个圈子都是一个内容完备的微社群，内容包括兴趣小组（如经验分享群组、打卡活动等）、直播、话题、问答、百科等，同时在不同的场景下，适时嵌入各子公司的跳转服务或保险产品链接。代理人可以邀请潜在客户注册"金管家"后加入圈子，通过圈子的活动及内容，激发潜在客户或客户的兴趣并提升 App 使用频次和黏度，利用丰富的场景强化客户购买保险产品或其他服务的意愿。另外，潜在客户更多的浏览痕迹也可以生成更为全面的销售线索。

基于直播模式的内容宣讲也为金融展业开辟了用户链接的新路径。平安人寿于 2020 年 4 月推出"平安星学院"直播活动，平安人寿百位优秀大咖代理人在两个月内，为公众和平安人寿广大用户科普保险知识，详解家庭保障配置经验。平安人寿还在抖音平台推出"平安星计划"活动试水，该计划将倾斜大量资源支持代理人创作优质内容，打造个人专属 IP 和线上影响力。

线上借助线下获取用户洞察

线上消费场景的最大劣势在于与消费者的真实物理距离较远，对消费者的需求捕捉和情感感知具有滞后性，而线下消费场景和消费者有着更亲密的接触，对于消费者的需求、情感变化有着更精准的获取能力。线上消费场景可以通过对线下关联产品和服务的营销，记录和反馈用户的真实需要，从而在线上提供相关消费内容，并结合线下引导完成线上消费。

以金融领域的无人银行为例，2019 年 7 月，建行首批三家"5G + 智能银行"正式开业，成为我国较早一批布局 5G、物联网、人工智能、远程交互、生物识别等核心技术的银行，致力于创造智慧、便捷、绿色的数字化交互式新金融体验场所。目前可以提供多种常见的快捷金融服务。

智能银行是金融产品线上线下再融合的一种新途径，建行的自营线上平台为客户提供了账户服务、信用卡还款、分期购物消费等一系列服务。在线下，智能网点为拉近用户距离、捕捉用户需求、获取用户操作细节、感受用户需求变化提供了更多技术加持，进而带来更具针对性的用户服务，便于将已积累的用户需求数字化并沉积于系统之中。与此同时，线上场景借助线下 5G 终端设备传回的实时、完备数据，将更好地满足服务与风险控制的要求，对用户进行精准内容投放，实现用户信息对接，将线下引入的流量在线上进行有效转换，并借助线上的社交网络进一步发挥金融业务的社群效应，对流量实现快速变现。

以平安人寿的 SAT 线上线下销售模式为例，线上与线下的融合带来了**更多的获客和更有效率的销售**。在获客上，平安人寿给予代理人强大的线上工具，支持他们经营好自己的私域流量，代理人首先借助内容转发或直播初步对其私域流量进行保险教育，然后通过多次一对一的沟通和咨询，实现私域流量的转化。同时，代理人可以借助客户浏览产生的痕迹，更精准地进行售前沟通。在平安人寿的 5 大生态圈中，多种与保险相关的生态可以通过在其他子公司的官网或 App 上嵌入跳转链接获取潜在客户，并将高潜客户及客户销售线索推送给优质代理人。在销售促成上，首先，基于"金管家" App 留痕及大数据分析，全方位描绘潜在客户的画像，按客户需求匹配相应产品和推广内容，实现营销的"千人千面"。其次，除由代理人通过一对一沟通了解潜在客户的资产负债情况、收入情况、家庭情况等基本信息外，公司还将留痕客户的其他销售和服务线索派发给代理人，比如风险偏好、消费喜好、关注话题等，使代理人的线下营销更有针对性。再次，在代理人与客户的沟通环节，公司给予强大的知识储备支持，如在沟通中客户产生超出代理人知识范畴的需求，代理人可以使用 askbob 智能机器人获得准确的回复，提升代理人的专业度。最后，借助"金管家"中的圈子经营赋予 App 社交属性，较为丰富的场景和活动可提升客户黏性，有助于客户关系的长期维系和二次开发。

5.2 构建基于5G与新基建金融场景的产业链

5.2.1 数据化重构激发领域智能

一系列新型基础设施支撑了实体环境的数据化重构。曾几何时，以智能手机为代表的大小屏幕终端缔造了无处不在的信息经济和有史以来最具规模的终端产业。然而，今天的智能终端产品更加多样化，渗透至社会的诸多角落，进入每个人生活的方方面面。如今，将虚拟世界和物理终端相连接的是真实的环境，而环境的数据化重构则带来了领域智能水平的急速提升。低延时、高速率、高带宽以及广覆盖的 5G 网络体验进一步促进了智能终端设备的多元化发展，一切具备通信功能的设备（包括家用电器）均将成为与用户交互的智能载体。可以说，5G 技术的全面商用将促进保险公司采用多种智能设备与用户进行交互，交互方式更为多元，用户的数字交互体验更为稳定且丰富。

以亚马逊为例，亚马逊借助全新的 Echo 智能音箱系列产品、Echo Plus 智能家庭路由器和 Fire TV 智能电视进入用户的家居客厅场景；借助更小的、配置 Alexa 的闹钟的 Echo Spot 进入卧室场景；发布 Echo Connect，将使用固定电话的家庭涵盖进 Echo 阵营；借助 Echo Button 持续发力家庭娱乐；将集成了显示屏与摄像头、视频聊天功能、免提屏幕为一体的智能音箱 Echo Show 用于笔记本电脑、平板电脑和智能手机的防黑客应用；用人工智能穿衣助手 Echo Look 打入用户消费场景。此外，亚马逊在秘密筹备的还有智能眼镜、搭载 Alexa 的手机、家庭监控设备等。为完成智能家庭设备的全面布局，亚马逊收购了包括智能摄像头公司 Blink 和智能门铃制造商 Ring 在内的多家公司。

2015 年，亚马逊推出 Dash Buttons（购物实体按钮），实现了洗衣用品的一键复购。2018 年亚马逊发布了车载娱乐设备，还对 Echo 音箱和 Dot 产品线做出了许多更新，如低音炮、立体扬声器、Chromecast Audio 的竞品、智能挂钟、智能插座、电量超大的 Slingbox 式空中编程设备。2018 年，亚马逊收购了网上药店 PillPack，意图进入医疗保健行业。

亚马逊由于本来就拥有的商城优势，对人们在购物和使用互联网方面的行为变化已经很有先见之明了。由于亚马逊原本就积累了大量的用户数据，且其用户在长期使用亚马逊商城之后，已对亚马逊产生了信任感，用户忠诚度较高。在此基础上，用户在家中使用亚马逊系列智能家居产品的积极性更高，对于家居物理终端获取自身的行动轨迹等行为数据的接受度也更高。消费者们对亚马逊长期以来建立的信任，使其愿意上交自己的个人信息、购买习惯和家庭指令等数据。

与此同时，亚马逊还运营着用以掌管用户线上购物账户的 Amazon Pay，以及通过条形码来将现金转换为商店信用的 Amazon Cash，早早掌握了用户的支付、结算通道，切入支付场景。

综合看来，亚马逊以家居场景为入口，广泛布局智能终端，借此实现数据流在多个单个场景中的融合，从家居一点出发，使信息触达商城、出行、医疗健康等多点，沉淀、积累多个行业的数据，打通价值链的全局。与此同时，服务提供方对用户的认知也不再局限于某个场景的行为习惯，而是深入到用户生活的全领域。多场景数据的沉淀以及深入各领域积累的业务知识，都有助于领域智能的急速提升。

5.2.2　金融机构应答用户综合需求

更为重要的是，领域智能的逐渐成熟，让金融机构有了应答用户综合需求的能力。金融机构对产品和服务的设计，不应仅聚焦于场景，而应统筹用户综合需求。同时，物联网的布局不同于互联网，以金融业的视角观之，传统的互联网对金融的影响从线上入手布局，而物联网下的金融价值链致力于将线上线下进行融合，通过智能终端对线下各场景的物理触达实现数据流、信息流的统筹，进而对线下分散的场景进行整合，并提升线上金融服务的体验，助力实现金融服务提供商全局性、生态化的切入。

以往金融企业的竞争着重于对用户某个特定场景下的需求进行深挖，在一个入口提供一种服务。对用户来说，在具体的金融场景中传达自身真实需求的渠道会更多、更完善，通过生活中的每一个"服务面"及时表达自己的"生活诉求"或"金融诉求"的指向更清晰、要求更具体。而且这是一个动态的过程，场景化的金融服务价值链相较于传统金融更为灵活，信息获取本身就是流通的过程，唯有不断获取信息、分析信息，才能从无到有、从有到多，让用户享受最充分、最合理的金融服务。

在金融体系中，传统的金融产品提供方各自提供基于自身禀赋的单一产品，银行以借贷服务为主，证券以资产管理为主，保险以风险管理为主。在金融产品的同质化竞争下，价格战似乎是各个商家不能回避的问题，但价格战终归是不可持续的，金融产品竞争最终还是要回归到金融服务质量的提升上，聚焦于对用户综合需求的统筹。

未来的市场发展趋势将会是：围绕着智能终端，结合消费者的综合需求去布局，打造数字化世界的高效处理能力。随着消费者对信息进行预处理及替代处理的需要日益迫切，家居、出行、车载、健康等多维度的智能终端布局将赋能金融服务提供商，使其在任何场景下都能够组合好各种数字服务，主动寻找消费者。三维视频、沉浸式电视、自动驾驶汽车及智慧城市基础设施等领域的发展将为金融企业带来机遇，并引发商业模式的重大变革。多方智能终端的综合布局将打通多个场景之间的信息通道，让一个需求点连接另一个需求点，一个终端可带动多方设备的联动，从而满足用户需求。

5G 时代的新型显示技术将把金融服务信息以一种新的形态翔实、全面地展现在消费者面前，围绕新型显示屏幕的生物识别认证技术创新将实现更精确的身份认证以及集中、统一的系统管理，人机交互将有更丰富的操作空间。

目前很多金融企业已经在消费者渠道、零售商、产品制造的某一个方面具有资源优势，而在专有领域市场中，随着领域智能的逐渐成熟，智能硬件仍将维持原有的长尾化特征，并且随着云端人工智能功能的成熟、丰富，越来越多地渗入社会经济的各个领域，长尾愈长，其价值将更多地体现在云端数据的开发和专有服务场景的设计上。街头的无人银行赋能消费者使用一台智能机器办理综合性业务；VR/AR 技术为用户带来的沉浸式体验将激发用户更深层次的隐形需求；智能算法模型等金融科技可改善客户体验以提高客户满意度，同时大幅提升服务效率，缩减客户分析、客户需求匹配与产品服务等环节的人力和资金成本。用户的综合需求将得到更流畅的应答。

5.2.3 需求综合应答要求延伸金融价值链

在以上技术发展的基础上，数字经济背景下的"无感化"金融服务将会是未来金融服务提供商竞争的战略要地。金融机构之间的竞争不再是标准化的技术比拼和产品竞争，而是情感的共鸣和品牌价值的传递，这些都需要通过差异化的服务来凸显。

在金融价值链的构建中，用户的核心价值支撑着金融价值链的延伸与持续发展。 从金融价值链中各个参与主体及其发挥的作用我们可以看出，无论是智能终端对用户的物理触达，还是数据中台、VPA 及物联网平台对用户的需求洞察，都是基于用户对综合的场景化金融服务的诉求衍生而来的。

今天，金融服务方不再独立创造价值，而是由企业和消费者互动创造价值。在这个"用户价值时代"，价值链的逻辑发生了变化，不再是商家提供什么用户就消费什么，而是用户需要什么商家就创造什么。

在常规的价值创造过程中，企业与消费者分别扮演生产与消费的角色，产品与服务中包含价值，在市场上进行交换。产品与服务从生产者手中转移到消费者手中，价值创造发生在市场之外。但是随着消费者角色的转换，企业和消费者不再有明显的差异，消费者越来越多地参与到了价值的界定和创造过程中，所以价值创造不再发生在市场之外，而是发生在市场之中，可以说是企业与消费者在共同创造价值。

在共同创造价值的世界里，应该把每一个与企业互动的个体都视为消费者。以往企业从自己的角度出发看待问题，没有以单个消费者为出发点，这是工业时代的特点。然而，今天的竞争却依赖于完全不同的、新的价值创造方法——以个体为中心，消费者与企业通过互动共同创造价值，也就是"顾客价值时代"。很显然，把来源于企业内部价值链的供给与消费者的需求高效地匹配起来，才是最具有价值的事情。也就是说，顾客价值体系是企业价值体系的参照，企业需要一个全新的经营假设：价值创造的过程是以顾客及其体验为中心的。

新的经营假设为经营管理带来全新的启示和要求，消费者与企业之间的互动成为企业创造价值的场所。对于企业而言，这样的假设需要全新的经营能力，管理者必须有能力与消费者互动，企业必须具有柔性的能力和网络，以便形成多种共同体验的机会和条件，让消费者在创造共同体验中表达自己的需求，从而打破企业与消费者的界限。

在数字化时代，用户真正需要的是"量身定做"和"情感共鸣"。只有理解用户和企业的关联性，企业才能洞察用户的本质，实现让用户更快找到所需产品、更快下单、更多好评的精准化运营；通过个性化的产品，让企业与用户建立强链接；运用有情感的服务真正打动用户，降低用户的决策成本；运用精准运营法则，在同质化竞争中提升附加价值，获得高美誉度和忠诚的用户。

众安国际与新加坡职总英康保险合作社（NTUC Income）积极响应政府智慧城市项目"SMARTCITY"，创新性地推出了 Snack 微型保险模式，服务碎片化场景，满足民众的风险保障需求，通过"底层支付链接 + 信息流互通"模式，实现支付与保险系统的紧密连接。消费者在授权平台提供支付及保险服务后，将在其授权许可的生活场景支付过程中多支付几分钱到几元钱不等的"零钱"作为保费，并不断累加保险额度，减少消费者以往集中支付保费导致的压力，并不断延展保险保障期限，进一步拓展普惠程度，赋能社会自由职业者的保障需求。这种微型保险销售模式打造了巨大的保单开口，以更便利、更轻松和更灵活的方式进一步连接消费者，覆盖保险需求，让保险贴近人生，在实践中广受当地年轻一代的欢迎。

从这个维度出发，我们可以很清晰地看到科技人文化的主线，即科技更好地赋能于人、服务于人，用户的需求是融合，既要科技的体验，也要服务的多样性，多场景的金融服务融合成全方位融通保障服务，必然是金融保险业未来发展的主要模式。

5.2.4　5G金融价值链各方参与者高效协同

基于基础设备的革新和发展趋势，在未来的5G金融价值链上，参与者主要有智能设备制造商、运营商、VPA提供商等。在这条价值链上，智能设备制造商的主要价值是提供智能设备，以智能家居为代表的智能设备在5G时代将成为网络的主要入口。运营商的价值体现在提供高速的5G网络，为金融企业与消费者的连接提供基础支持。数据中台企业的价值体现在其可对5G时代海量数据进行分析处理，充分发挥数据的价值。未来的消费电子设备将只是一个形态，背后则是一个统一的虚拟个人助理，智能设备的种种功能，用户的种种金融需求，都将通过VPA调用处理，借由VPA这一入口连接金融业务的各个模块，因此VPA在价值链中占据重要地位。接下来具体介绍各参与者在5G金融价值链中的具体价值。

运营商：运营商更侧重硬件，不管是设备还是数据，都需要在运营商提供的高质量5G网络环境下才能发挥作用，参与到5G金融价值链中的金融企业，也需要运营商的种种助力，才能为用户提供更为丰富的金融产品以及个性化的用户体验。在这一过程中，运营商发挥着不可替代的作用。

具体来看，运营商对金融企业的价值主要体现在三个层面。

首先是技术层面。金融企业与运营商达成战略协同有利于企业精确地管理日常业务。未来很多互联网应用涉及 8K 高清视频认证及交互，这些应用需要高密度的数据即时传输，加之用户群体的不断扩大，对带宽资源提出了更高的要求。企业参与运营商混改并与运营商达成战略合作关系，可取得更优质的或优先级更高的带宽资源，进而支持大量用户同时访问 8K 高清视频等日常业务场景，更精确地管理企业的日常业务。例如，百度参与中国联通混改后，双方升级合作关系，中国联通将在手机百度、百度地图、度秘等项目与百度进行深入合作，并为百度提供 IDC、终端定制等全方位通信服务及资源支持。在车联网等业务上，运营商可以给予金融企业技术支持。我国出台的《智能汽车创新发展战略》提出，到 2020 年，新车中智能汽车占比要达到 50% 以上，车联网业务开始受到各类企业重视，V2X 车联网⊖（Vehicle To Everything）的概念被提出。但如果要实现这些，单依靠 4G 技术是不够的，还需要在 4G 通信制式的基础上，定义出新的标准来——LTE-V。而在 LTE-V 标准的制定上，中国移动有更多的话语权，参与 LTE-V 制定的中国专家，也大多出自移动通信研究院。V2X 要实现的辅助驾驶对通信时延的要求是不能超过 50 毫秒，但目前的 LTE 网络无法做到。而联通在去年提出了"边缘云"的概念，利用分布在基站侧的计算能力，对场景上传的数据进行快速处理，将时延压缩到 20 毫秒以内。在 5G 网络铺开后，运营商在这方面的技术优势将更加凸显，因此与运营商合作，可解决企业在车联网技术上面临的难题。

⊖ 传统的车联网连接的只是通话网络与广域网，而 V2X 还可以实现车辆间，车辆与路侧设施之间，乃至车辆与行人之间的连接。当 V2X 推广开来，智能交通将不再只是一个梦想。

其次是数据层面，三家运营商共计拥有十几亿用户，在市场和消费端，中国联通是三大电信运营商之一，拥有其他机构无法比拟的红利与优势。在互联网企业竞争白热化的今天，获取客户和大数据的难度越来越大，参与运营商混改可以让企业接触到海量的数据，这对互联网企业和金融企业都极具价值。并且有一部分数据是运营商独有的，比如用户是否按时缴纳话费、用户的每月通话时间、用户集中上网的时间段等，金融企业可使用这些数据形成更精准的用户画像，更全面地评估用户征信等状况。同时，三大运营商拥有的巨额用户基数，可以为金融企业带来新的流量。截至2018年12月，中国移动、中国联通、中国电信的移动用户数分别为9.25亿、3.15亿、3.03亿，且移动端用户日均上网时长已达186分钟。面对如此巨大的流量，金融企业与运营商合作，可以通过开发联名产品等方式进行引流，将运营商的巨大用户数量引为己用。同时，与运营商结合，可以接触到更多的场景，将金融需求融入日常生活的场景中去，以场景为核心为用户提供金融服务，发展场景金融。相较于传统金融服务，场景金融实现了从独立金融服务到嵌入式金融服务的转变，将金融与生活高度融合，并由提供单一的金融产品演变成提供金融综合解决方案。场景金融使得企业能够以低成本迅速地拓展渠道和入口，且拥有更高的用户忠诚度和用户黏性，也有利于精准营销和按需定制。

最后，在业务层面，与运营商合作有利于金融企业涉足虚拟运营商业务领域。我国电信行业一直由三大运营商把控，参与运营商混改，或者与运营商深度合作，有助于企业接触、参与运营商业务，为企业本身涉足电信领域创造条件。2018年7月23日，工信部向阿里巴巴、京东等15家企业颁发移动通信转售业务经营许可，标志着历经了5年的试点后，首批虚拟运营商牌照正式发放。这些企业将可以从中国移动、中国联通、中国电信三大运营商那里承包一部分通信网络的使用权，重新包装成自有品牌并销售给用户。未来，其他金融企业也有望通过混改等方式，进入电信行业，取得虚拟运营商牌照，这将有利于企业拓宽业务范围，多元化经营发展。与运营商合作也有利于传统金融企业布局互联网金融领域。纵观当前的互联网金融市场，微信支付和支付宝布局深入人心，传统金融企业互联网业务发展较慢或受到冲击。目前三大运营商也都已在金融领域布局：中国移动旗下中移电子商务有限公司成为第三批获得第三方支付牌照的企业，后又推出"和包支付"；中国联通在金融领域拥有"沃支付"，理财平台"沃百富"，消费信贷"沃易贷""沃分期"等相关产品；中国电信旗下"翼支付"依托"支付＋通信＋理财"的差异化商业模式，打造"甜橙金融"全新品牌，快速布局移动支付、理财、征信、消费金融等互联网金融业务。

智能设备制造商：5G 技术不仅带来了更快的网速，更使得万物智能互联成为可能。因此智能家居厂商的发展情况在智能设备制造商之中具有代表意义。智能家居是以住宅为平台，利用综合布线技术、网络通信技术、安全防范技术、自动控制技术、音视频技术将与家居生活有关的设施集成，构建高效的住宅设施与家庭日程事务的管理系统，提升家居的安全性、便利性、舒适性、艺术性，并实现环保节能的居住环境。它不单指某一独立产品，更是一个广泛的系统性产品概念。目前的智能家居产品类型覆盖家庭娱乐、能耗、照明、自动化、安防等 6 大领域共上百个品类千余种产品，还有更多品类正在不断加入。2017 年中国智能家居市场规模为 3254.7 亿元，其中智能家电占比高达 86.9%。信息科技的发展进入物联网时代，而智能家居作为最具市场规模的物联网细分领域，根据 IDC 给出的预测数据显示，到 2022 年，智能家居市场规模将增长至 2770 亿美元左右（约合 1.7 万亿元人民币）。面对巨大的蛋糕，互联网科技企业早已延伸布局，将其作为企业发展的核心战略方向（表 5-1）。

表 5-1　5G 金融产业链下的部分家居智能设备商

公司	市　值	智能家居战略
苹果	2.23 万亿美元（美股）	以 HomeKit 平台为核心，结合 Siri，通过 iPhone 等智能终端操控家居用品
腾讯	5.87 万亿港元（港股）	手握中国互联网最大用户群体，利用人工智能渗透至家庭场景
阿里巴巴	6232 亿美元（美股）	以阿里云智能家居平台为载体，天猫精灵为入口，并通过连接协议开放平台，推进智能家庭落地
小米	6603 亿港元（港股）	以生态链为核心，打造了最具规模的物联网智能生活体系
百度	735 亿美元（美股）	围绕 DuerOS 为核心打造生态圈，并广交朋友，同时大肆在行业内收购和投资培育智能家居生态
美的集团	5632 亿人民币（沪深）	双智战略，推出美的 M-Smart 开放平台，去核心、打破孤岛和共享资源
京东	1162 亿美元（美股）	联合科大讯飞推动叮咚智能音响来争夺家庭入口
华为	非上市公司	华为 HiLink 联盟的智能产品来自业界顶尖厂家，目前有 50 余家核心合作伙伴，覆盖家庭娱乐、能耗、照明、自动化、安防等 6 大领域，还有更多品类正在不断增加

资料来源：众安金融科技研究院

以小米为例，2016 年 3 月，小米正式发布"米家"品牌，以承载小米生态链公司的智能家居产品，以参股不控股的方式投资专注于智能硬件细分领域的初创公司，不仅向生态链公司输出其企业管理和产品方法论，而且向其提供包括供应链管理、品质管理、销售渠道和售后支持等在内的全方位支持，既保证了对创业团队的有效激励，又让小米的品牌效应在智能家居领域内得以释放。截至 2017 年年底，小米共投资 100 家生态链企业，截至 2018 年 3 月 31 日，小米 IoT 平台连接了超过 1 亿台设备（不包括智能手机及笔记本电脑）。随着小米生态链体系逐渐趋于成熟，全面开放将是小米 IoT 平台下一阶段的发展战略。第三方智能硬件厂商可以使用小米 IoT 平台所提供的标准和统一的 API 接口接入"米家"App，并与平台现有产品实现联动控制。

而美的作为传统家电的代表性企业及行业龙头，市值高达 3400 亿人民币，在行业内率先提出了以智慧家居和智能制造为核心的"双智战略"。在"双智战略"指导下，成立了智慧家居事业部，也获得了"2017 最具智慧的家电品牌"称号。美的致力于开发智能化产品和融合现有产品，推出美的 M-Smart 作为开放平台，是美的"双智战略"的重要组成部分。

2015 年，华为发布 HiLink 战略，试图连接更多的其他品牌产品打造物联网生态系统。根据华为发布的 2019 年上半年业绩报告显示，华为 HiLink 生态已经汇集 260 余个品牌、3000 多万名用户，连接设备超过了 1.4 亿台。华为消费者业务 CEO 余承东宣布，华为 IoT 生态战略将全面升级为全场景智慧化战略，并围绕 HiAI、两大开放平台、三层结构化产品等方面的战略，在行业内打造智能家居生态系统。

除智能家居外，华为还在积极布局智能出行的场景，华为与四维图新在上海签署了合作框架协议，双方将围绕云服务平台、智能驾驶、车联网、车路协同、车载计算与通信共五个领域开展合作，共同研发未来智能出行技术。云服务平台方面，双方共同探索云平台与车端的协同机制；智能驾驶方面，双方探索新的商业模式，打通互联网企业和车厂的关系，提供自动驾驶地图解决方案；车联网方面，双方致力于赋能车辆的智能化网联、车企的服务化转型和交通的智能化；车路协同方面，双方则旨在实现高精度地图、高精度定位能力与车路协同的深度融合，助力自动驾驶产业快速发展。此外，双方还将共同探讨拓展国际业务。

数据提供商： 在 5G 金融价值链中，与智能设备制造商同处于上游地位的还有数据提供商。据 Gartner 预测，到 2020 年，5G 网络大约会连接 500 亿台智能设备和 77 亿人。5G 时代的数据量无疑是巨大的，只有在数据提供商的帮助下，这些海量数据的价值才能被充分发挥出来。数据提供商的核心作用是将数据资产化，为下一步数据应用夯实基础。数据提供商主要包括两类，一类是提供数据服务的公司，基于自身能够触及的数据资源服务企业客户；另一类是帮助企业进行数据治理、实现数据资产化的公司，其自身没有数据，主要帮助企业客户搭建数据中台。

虚拟个人助理（VPA）：在 5G 金融价值链中处于中游地位的是虚拟个人助理（VPA），在价值链的中部起到连接作用。VPA 侧重软件，依托于智能家居等智能设备，参与用户与金融企业的交互，是这一过程的媒介，充当的是用户与互联网的桥梁，也是用户与金融服务提供商对接的入口，在 5G 金融价值链中扮演了重要的角色。VPA 是指能与人进行自然语音交互并为用户执行任务提供个性化服务的智能代理。VPA 的发展可能将从通过触摸进行人机互动切换到通过语音，未来甚至还将借助环境技术、生物识别、运动和手势等的使用进行人机互动，它可以应用于各种智能设备，越来越多的移动应用程序与模块化金融服务将通过 VPA 调用。未来的消费电子设备将只是一个形态，背后则是一个统一的虚拟个人助理。

目前的 VPA 主要用于通信设备，可以提供日程安排和信息查询等专用服务。基于语音的 VPA 在智能手机、智能手表、无线耳机、汽车、智能电视及其遥控器中越来越受欢迎。现在甚至连一些垃圾桶都集成了语音识别。除此以外，一些家用设备，如智能音响也应用了 VPA 技术，人们可以通过语音对音响进行控制。目前，全球的智能语音助手以谷歌的 Google Assistant、亚马逊的 Alexa、苹果的 Siri、以及微软的 Cortana 占据领先地位，这四家也纷纷推出了应用自家语音技术的智能音响。

同时，金融企业也在寻求通过综合和专业的 VPA 服务来增强产品的用户体验，开发专业的 VPA 系统、平台以精进特定领域的金融服务。尤其对大型金融企业来说，VPA 的实际价值是尽可能多地从环境中提取信息，这意味着 VPA 不仅会倾听用户的声音，还会倾听他们周围的环境，并了解他们的环境。例如，如果你在银行大厅里，麦克风可以听到自助机器上的声音，立刻就知道你在办理业务，并给出相应指引。这就是情景智能。

数据显示，在新冠肺炎疫情防控期间，"宅经济"兴起，搭载 VPA 的智能音箱也在市场上热度不减（表 5-2）。据奥维云网（AVC）汇总数据，2020 年一季度中国智能音箱市场销量为 884.4 万台，同比增长 23.0%；销额为 16.7 亿元，同比增长 21.9%。根据《IDC 中国智能音箱设备市场月度销量跟踪报告》显示，2020 年 1 月至 4 月，中国智能音箱销量为 1056 万台；2020 年 6 月"天猫 618"正式开售后仅仅一分钟，天猫精灵智能家居的销售额就达到了 1 亿元。

表 5-2　5G 金融产业链中部分布局人工智能语音交互系统的企业

公 司	市 值	人工智能战略
苹果	2.23 万亿美元（美股）	以智能语音助手 Siri 为核心，以 iPhone 等为智能终端
亚马逊	1.68 万亿美元（美股）	以人工智能语音助手 Alexa 和智能音箱 Echo 系列产品为核心
谷歌	1.55 万亿美元（美股）	以人工智能语音助手和智能音箱为核心
腾讯	5.87 万亿港元（港股）	以智能语音助手"叮当"为核心，实行"AI in ALL"战略，触达一切有机会实现"AI＋硬件"的领域，找到场景，开放能力，连接更多行业。目前已连接音箱、智能穿戴设备、电视、汽车、手机、机器人等各类硬件设备
阿里巴巴	6232 亿美元（美股）	以智能语音助手天猫精灵为核心，并通过连接协议开放平台，推进智能音响入驻家居场景，借助高德地图进入出行场景

（续）

公　司	市　值	战　略
百度	349.63 亿美元（美股）	以智能语音助手"小度"为核心，内置 DuerOS 对话式人工智能系统，让用户以自然语言对话的交互方式，实现影音娱乐、信息查询、生活服务、出行路况等 800 多项功能的操作
小米	2175.05 亿港元（港股）	"小爱同学"作为小米的首款语音系统，如今已不只搭载在智能音箱上，包括小米的智能手机、智能手表、智能电视、扫地机器人、空气净化器等小米自家全产业链的智能设备都已经覆盖，同时也可通过小米插座、插线板等来控制第三方产品。覆盖了内容、工具、互动等近百个细分领域

资料来源：众安金融科技研究院

　　到 2020 年，全球个人设备数量将达到 70 亿台，包括 13 亿台可穿戴设备和 57 亿个消费者物联网终端，其中大部分将接入 AI 助手。以 AI 助手为代表的对话型人机交互平台，被认为将突破搜索引擎的关键词局限，成为未来人机交互的核心基础。目前，AI 助手能够主动、智能、及时地向用户推送所需信息，提供定制化的服务，还可通过智能终端的摄像头实现对外部情境的快速理解与交互。面向可穿戴设备和智能家居领域，AI 助手平台在持续进行服务的支持和优化，纷纷推出了语音服务，并尝试与部分第三方设备打通合作。而在 5G 时代，AI 助手将实现对各项应用的全面覆盖。

第 3 篇

新基建时代，

我国金融科技的发展关注点

面临着全球新一轮技术升级，5G网络可被视作国家层面的战略性底层基础设施，在该基础设施的支持下，各行各业才有望借助一系列新兴技术实现数字化及智能化升级，但不得不说，技术赋能不是"替代思维"，不是让新兴技术替换原有生产力从而让企业获得增长，技术赋能的更大价值在于企业利用新兴生产力开拓新兴市场，填补市场需求空白，从而实现更持久、稳健的增长。这其中，最为关键的是，企业需要积极探索技术管理及应用的新思想及新理念，就像管理学家泰勒依据其从工厂管理实践中总结出的以科学化、标准化管理方法代替经验管理的新思想，从而对西方工业经济的发展产生了深远的影响。同样，此次全球新一轮技术升级也需要在新思想、新理念的引领之下积极探索市场空白，进而发掘技术潜在的经济价值，加速推进新兴技术在各行各业的升级迭代，让数字经济得以更为蓬勃地发展。可以说，是新兴技术、新的管理思想以及所属地域的产业基础及市场需求共同决定了本轮技术升级的发展基础及未来方向。

对金融业而言，首先需明确的是，金融体系内外结构的演变与一个国家的历史发展路径、产业基础条件以及实际国情有密切的关系，在金融领域，科技发展的方向必须服务于一个国家实体经济所需的金融服务。当前阶段，在我国，经济形势复杂多变，金融征信数据覆盖率仍显不足，信贷业务的覆盖率仍有待完善，广泛的长尾借贷需求仍未被满足。从战略角度来看，借助新兴技术构建新式社会信用体系，从而让金融资源更为精准、更有效率地输送至实体经济的各个角落，将有望构建起一个更为稳健、更多层次、更多维度，且具备抗冲击能力的金融借贷体系，这大概率将是市场重点关注的一个方向。由网络升级迭代所导致的应用端流量的变化，以及与用户交互的变迁将使营销策略、产品规划以及用户服务模式均产生相应的改变，或将导致千亿级新兴市场的崛起，必然是各大科技公司、金融巨头战略锁定的重点研究方向。

第 6 章

智能运营：RPA + AI 助力金融机构数字化转型

　　网络技术的演进必然带来线上流量的再一次增长与迁移，布局线上业务已成为各家金融机构数字化战略的重要一环。在数字化运营实践过程之中，企业一般面临两大痛点：首先，线上化流程会产生大量需要人工执行、高重复性的系统操作，这类机械性的低附加值劳动亟待被高效执行；其次，业务系统分立形成数据孤岛，企业对于跨系统流程连接和数据集成的需求不断增长，同时数据连通、分析及应用也是此次数字化发展战略的重中之重。

　　从当前行业实践来看，主要是通过传统 IT 解决方案或者业务流程外包来解决一部分上述问题。但若从长计议，IT 解决方案往往要求 IT 人员开发系统接口或重构系统，此外，业务流程外包也会带来人工操作的质控与效率等相关问题，维护成本较高。伴随着此次信息流的再一次指数型增长，RPA 即 Robotic Process Automation（机器人流程自动化）作为一种以软件和机器人模拟人与计算机的交互过程，最终实现工作流程自动化执行的技术应用，能够在一定程度上提升金融机构流程自动化的运营能力。具体而言，RPA 主要通过预先串联业务流程，实现业务流程的自动操作及数据的自动处理，因此适用于执行海量高重复性、规则固定的跨业务系统操作。例如，RPA可应用于数据处理（导出、导入、收集及转换）、业务流程操作、外部网页系统处理、邮件系统处理、表格及文件（如金融单据等）处理等，具有清晰的业务逻辑规则。

但RPA当前的应用范围依然受限，根本原因在于该项技术不像"深度学习"算法一样具备自我学习与进化的能力。举例而言，如果在自动化任务的执行过程之中，表单中的某个字节产生了移位，RPA的执行就会受阻。因此，该项技术潜在的经济价值需要与OCR、AI等技术结合后才能得到释放，这也是企业加速该项技术广泛落地的重要条件。可预见，能否更好地在RPA的部署中引入AI技术，对原有运营流程进行重构，将决定数字化时代的精益运营能否实现。同时，RPA + AI由于运营成本较低，降低了企业的"试错成本"，可被用于拓展"蓝海市场"或"长尾市场"，是金融企业是否能够获取此次数字化转型红利的关键所在。

6.1　RPA +AI 概况

当前，大多数RPA厂商提供的架构为标准三件套（设计平台、机器人、控制平台），一般而言，RPA厂商一般不具备AI研发能力，两者之间的技术融合有两大趋势：一是AI厂商自行研发RPA，二是RPA厂商依据业务优势整合AI厂商。

就RPA的标准三件套而言，设计平台主要负责机器人的脚本开发，基于具体业务流程需求进行相应研发，一般会通过编码开发、低代码图形化界面编排、流程界面录制等方式，生成机器人的运行脚本；机器人负责根据设计脚本，执行具体业务流程，根据应用场景可以分为无人值守（RPA在后台自主运行）和有人值守（人机协同）两种；控制平台负责智慧管理多个机器人的运行，保证整个系统的合理分工并监控风险。

RPA 流程一般是由具有文字识别、图像识别、文本理解功能的机器人实施的业务流程自动化。在文字与图像识别方面，RPA 可被用于识别文档、表格、票据和卡证。在文本理解方面，RPA 首先支持短文本和长文本的分类，并且可以基于小样本训练文本分类能力；其次支持信息抽取：录入的数据分为结构化数据和非结构化数据。在处理结构化数据方面，OCR、NLP 及 CV 等技术能够更好地与 RPA 深度结合，最终自动完成业务流程；在处理非结构化数据方面，依靠 AI 的能力自非结构化信息源提取信息并将其转化为结构化数据，然后再由 RPA 自动完成业务流程。

总而言之，RPA 是可在规则明确的情况下实现自动运营的技术。具体来看，该类技术的价值主要在于业务跨系统、工作自动化以及技术稳定性等方面。从业务层面来看，RPA 让枯燥、烦琐、重复的流程实现自动化操作，并通过触达不同软件数据打通企业上下游业务，实现整条业务线的自动化；从工作层面来看，传统软件在数据管理环节有一定缺失，且存在数据质量差、手工处理费时费力的缺点，RPA 软件在满足自动化的基础上降低人力成本，降低人为失误，可以 24 小时不间断工作，将员工从低效工作中解放出来，以便从事更高阶的工作，有利于企业创新；从技术层面来看，RPA 作为自动化流程软件可以嵌套在其他软件中完成部门重复类工作，也可以直接连接顶层软件而不侵入企业原有系统，增加软件系统的稳定性。随着 5G 网络时代的到来，利用新兴数字技术的新兴运营能力是发展的必然要求。

6.2　RPA+AI 融合创新的核心价值

不得不提的是，RPA 与 AI 技术的深度融合并非强制推行就能实现的，新兴技术的融合与创新遵循客观的发展规律，金融机构起初对场景的选择及对前期试点失败的包容程度，以及采用科学量化的方法跟踪研究业务转型的过程，可能是在技术创新的过程中获取确定性的有效举措。企业一定要明白 RPA + AI 应用过程的核心价值是什么，主要归纳如下：

RPA + AI 应用场景的确定及潜在价值的释放，需要业务人员与技术人员的深度讨论与参与，业务试点需选择标准化程度高、应用频率高且运营成本依旧高企的应用场景。虽然 RPA 的跨场景能力已得到了验证，但该项工具依然受限于"规则"，对非结构化数据的处理和类似流程的灵活应对能力依然不足。RPA 的适用场景必须满足"规则明确"这一前提条件，相关业务流程需基于明确、固定且相对标准化的模块或规则。以上因素也导致目前 RPA 更多地应用于财务（记账）等支持性业务流程，以及对一些业务流程的部分短流程进行自动化替代。

在 5G 网络时代，AI 技术的数据来源进一步拓展，听觉、视觉、触觉等感知设备更是加剧了这一趋势。与此同时，近年来基于脑部信号处理机制的"认知算法"高速发展。未来，RPA 极大概率将融合认知智能技术，从简单业务流程的自动化处理迈向对业务人员认知决策能力的增强，金融机构可基于 RPA + AI 的能力重构更为复杂、链条更长的业务流程，大规模激活 RPA + AI 的潜在经济价值。在金融机构的单据、文字契约等纸质材料转电子化，以及电子化数据提取等应用场景中将大有用武之地。

当然，RPA + AI 的融合应用不仅局限在对于外部流程的优化与重构，RPA 机器人自身也将受益于智能化水平的提升，其后续运维成本将大幅下滑。具体而言，现阶段，RPA 机器人的运行脚本主要依靠人工设计编排，当业务流程发生变化时，需要重新进行脚本设计。但随着 RPA 运行过程中积累的数据不断丰富，RPA 的运营维护也可以结合 AI 技术实现智能化。这其中，业务流程的自动发掘可能是最具有想象空间的应用场景之一。例如：金融机构可依据对企业 RPA 业务流程运行数据的分析，自动挖掘出可以由机器人自动执行的业务流程，后续也可依据 RPA 自行发掘相应流程，进一步提升 RPA 的扩展效率。业界已有企业通过可视化的方式来描述业务流程、偏差，并标出自动化效果最显著的位置，智能分析企业中已经使用的业务应用程序的日志，并挖掘可应用自动化的业务流程。

6.3 RPA + AI 融合创新的主要挑战

RPA 应用在票据识别上面临格式不统一、套打以及图像质量等难题。在格式不统一方面，各地区的票据格式一般不统一，例如各省的医疗发票格式至少都有两三种，甚至各家医院的住院发票可能都不统一。如果单纯做图像识别，每种格式的样本量不可能太大。在套打方面，由于单据一般以套打方式打印，而套打的油墨是热敏的，所以光照温度会淡化油墨，影响机器识别及人工录入。在图像质量方面，用户拍照方式及拍照设备不合格会影响图像质量，导致识别难度指数型上升。业内一般通过前端的引导和质量控制模型，提高用户上传图像的质量，以现在技术能够实现 70% 到 80% 的字段准确率。

❯ 典型案例一　众安科技 RPA 机器人——信息披露/产品报备场景

众安多样化的保险产品、多元化的合作伙伴以及快速更迭的产品特性，让信息披露、条款报备需要耗费大量的人力及时间成本。RPA 机器人可根据业务部门提交的披露内容自动从系统中采集需要披露的信息，登录监管网页信息披露系统进行信息录入、变更操作、提交审核及披露，实现全流程自动化。对于每月均有大量产品新增及合作平台情况变更的业务形态，RPA 机器人将原先月均耗时 50 小时的重复性流程转变为自动化操作，降低了人力成本及人为失误，并能在监管规定的时限内高效完成披露工作。

RPA 机器人模拟人工登录财产保险公司备案产品自主注册平台对公司新增及修订的条款进行报备操作。根据提供的报备文件，在文件中智能化采集需要录入的条款信息，并上传附件，解决了操作繁杂、录入耗时等问题。尤其当有大量产品批量迭代时，RPA 机器人可以 24 小时不间断工作，提高效率，确保在产品上线前完成条款报备工作，录入信息的处理也能实现更高的准确率。

◆ 典型案例二　某 RPA 机器人的车险应用场景

业务人员发送车险录单文件后，RPA 自动录单机器人实时读取数据队列中的录单信息，并对录单请求中对应存储的图片进行分类。采用 OCR 技术对经过分类的图片进行信息解析，RPA 机器人通过获取图片识别结果，判断图片中是否缺失行驶证照片，如缺少行驶证照片，则 RPA 机器人将自动通知业务人员进行补充。

RPA 机器人还能进入客户抢单业务系统进行录单操作，并上传业务人员提供的完整图片信息，对于成功录单的工作任务，RPA 自动录单机器人将自动回复处理结果至业务人员。在此录单过程中，业务人员只需上传一次图片，无需人工识别、录入、上传数据等操作，全流程就可由 RPA 机器人自动化执行。

第 7 章

人机交互：从触屏到多模态交互

在 5G 时代，信息及数据增长的幅度大概率将进一步加重人类的认知负担，实时且基于客观数据的信息处理及决策辅助工具将成为人类日常生活中不可或缺的一部分。此外，从市场角度来看，消费者正逐渐意识到商业机构具备明显的资本及技术储备和应用优势。在下一个网络时代，客户将极有可能使用基于智能算法的信息处理工具，通过自然语言与该类工具进行实时的信息交互，提升自身理性抉择产品的能力，从而能够更为准确地判断产品的优缺点，并能根据个性化建议达成最优交易，特别在专业知识领域，个人消费者将获得实时个性化的信息咨询。智能助手将有望成为提供场景智慧生活服务的统一入口，是当前互联网及金融机构重点关注的新方向。

7.1 人机交互：从按钮、键盘到语音交互

人机交互[⊖]（HCI）最初属于计算机科学的一个细分专业领域，涉及认

⊖ 根据国际计算机学会（ACM）的定义，人机交互（HCI）是一门有关交互式计算机系统设计、评估、实现以及与之相关现象的学科。该术语由 Stuart K. Card、Allen Newell 和 Thomas P. Moran 于 1980 年在论文中首次提出，并于 1983 年出版著作《人机交互心理学》后广为流传。

知科学以及人因工程学。三十年来，人机交互技术一直在快速、稳步地发展，吸引了许多来自其他学科的专家，融入了各种理念及方法推进该知识领域的进一步发展。可以说，人机交互汇集了大量以人为中心的信息科学以及半自主研究和实践领域。令人振奋的是，人机交互理论及实践应用融入了不同领域的理念、方法及技术，集各个领域之大成，迸发出新的生机。

回顾人机交互的发展历程，个人计算机和认知科学领域的发展推动了人机交互的出现。1946 年，第一台计算机在宾夕法尼亚大学诞生，打孔纸条成为人机交互的最初形式。1964 年，鼠标的发明宣告人类从此步入个人计算机时代。而后，随着个人计算机的使用迅速普及，非专业的计算机用户对晦涩难懂的计算机指令以及系统对话框的通俗性提出了更高的要求。认知科学也是从这个时候开始进入人们的视野的，该学科涵盖了认知心理学、人工智能、语言学、认知人类学和心智哲学。它的其中一部分旨在阐明系统化和科学化的应用，又被称为"认知工程"。在当时，认知科学区分了人、概念、技能并提出通过科学和工程综合解决此类需求的愿景。人机交互成为认知工程的早期应用领域之一。1985 年，标准键盘的出现奠定了现代键盘布局的基础，也标志着字符用户界面时代的开启。接着，则是第一代操作系统的发布，互联网也开始进入人们的视野，随之而来的便是互联网的用户界面。

伴随着信息技术的不断发展，到 5G 网络时代，人机交互的设计理念将从人适应计算机转化为计算机不断地适应人，由单模态⊖界面向多模态⊜界面演变发展。基于该项技术的设计理念以及能力的演进，赋予了应用端

⊖　所谓"模态"（modality），即生物凭借感知器官与经验来接收信息的通道，例如人类的视觉、听觉、触觉、味觉和嗅觉模态，而多模态是指将多种感官进行融合。

⊜　多模态交互是指人通过声音、肢体语言、信息载体（文字、图片、音频、视频）、环境等多个通道与计算机进行交流，充分模拟人与人之间的交互方式。

更多的想象空间。

7.2 智能助理：面向未来的入口型新服务

可以说，该项技术的演进不仅仅由基础研究所驱动，更大的驱动力来自市场需求，来自商家利用该项技术创造差异性竞争力从而拓展更大市场空间的意愿。而市场需求的本质是消费者面对信息过载、认知过载的巨大负担，亟需一种新型的信息处理或决策辅助工具，辅助消费者更为精准地获取及处理信息。从当前市场发展动态来看，智能助理已是各大互联网及金融机构竞争的一块重要战略领地。

从当前商业环境来看，消费者对广告引导或者信息"喂养"的营销策略不再敏感，消费者主动寻求产品或服务，主动搜索相关领域信息的行为越来越普遍，新的生产关系、消费行为以及商业伦理正在崛起。其中，智能助理将通过赋予消费者更多的信息主动权而获取商业价值。从具体模式来看，人机交互的方式极有可能从传统的用户界面、硬件交互发展为多模态交互。

从具体形式来看，多模态交互主要分为：多通道交互，虚拟现实和三维交互，可穿戴计算机和移动手持设备的交互这三类主要形式。

7.2.1 多通道交互

多通道交互指依靠人工智能技术对图像、视觉、听觉等信号，以及运用自然语言处理技术对人类各类生理信息如触觉、味觉、嗅觉、手动、眼动、唇动、言语、表情等进行处理从而实现人机交互。这类交互方式在我们的日常生活中普遍存在。识别手写汉字的数字墨水技术和笔式交互技术慢慢发展起来，最常见的便是手机输入法，除此以外，画画工具也利用了这样的原理；利用语音合成技术进行语音识别的应用也随处可见，语音合成技术不仅能识别汉语，也能识别英语、法语、德语、韩语等；手语识别和合成技术利用计算机技术先建立文本与动作的数据库，再利用动画技术将输入文本翻译成对应的手语，对聋哑人很有帮助；视线跟踪（眼动）技术通过追踪眼球运动轨迹，得出眼动规律，从而进行产品设计与运用；触觉通道的反馈装置也是多通道人机交互设备的一种，通过感应用户的动作，利用马达的力学原理，结合计算机技术，从而使用户依靠触觉就可以控制机器；生物特征识别技术是通过识别生物的指纹、面孔、脚印等特有的生命特征，来推断或标记某个个体，在公安机关、计算机、侦探事业、企业中广泛应用。

7.2.2 虚拟现实和三维交互

虚拟现实是指计算机通过各种方式模拟用户所处的三维空间，使用户获得一种沉浸感，将此应用于各行各业，可观察用户在三维空间内的各种反应，从而得出某种规律，根据这些规律对产品设计进行优化。虚拟现实对人机交互的研究有重大影响，其应用将推动人机交互研究的未来进展。

7.2.3 可穿戴计算机和移动手持设备的交互

野外作业一般会配置可穿戴计算机，因为可穿戴计算机系统不会束缚人的行为，人们不需要再利用双手来控制它，给人们带来了极大的便利。辅以移动手持设备如手机，人们的生活节奏将进一步加快，人与人之间的交流学习也将有更多工具可资利用。

7.3 智能助理：技术瓶颈及应用挑战

"连接"本身不是目的，它只是为"交互"建立了通道。在人机交互过程中，人通过输入设备为机器输入相关信号，这些信号包括语音、文本、图像、触控等信号中的一种模态或多种模态，机器通过输出或显示设备给人提供相关反馈信号。"连接"为"交互"双方架起了桥梁。当然，目前来看这种场景还需要一些时间才能实现。但随着可穿戴设备、智能家居、物联网的落地，全面打造智能化的生活成为接下来的聚焦点，而人机交互方式会逐渐成为实现这种生活的关键。就目前而言，人机交互方式还存在着诸多不足，主要有以下三方面：

人机交互的使用缺乏普遍性，其使用范围目前限定在特定领域。在人机交互技术领域，尽管当前已经有许多新兴交互方式，比如体感交互、眼动跟踪、语音交互、生物识别等，但大部分的交互方式使用率都不是很高，也还未得到真正意义上的商业应用普及，更没有哪种人机交互方式能够和人毫无障碍、随心所欲地交流。比如体感交互，目前还只能局限在游戏领域，与这种交互方式联系最紧密的一种智能设备就是虚拟现实设备。用户只需带上这款设备，利用手、脚等肢体语言，就能身临其境地体验整个游戏的过程。尽管有了一定的程度的应用，但在娱乐领域的应用和进入生活领域的应用是不同层级的概念。在娱乐中出错，充其量是用户体验不佳，但在生活应用中一旦出错，直接影响的是生活，甚至安全。还有一些交互方式则只在专业的领域内使用，比如动作捕捉更多地被用于电影制作领域，眼动追踪目前更多还停留在一些专业的研究机构或者实验室的应用中。对于不稳定的交互方式而言，显然在小众的专业领域内更容易得到发挥，但这与未来全面实现智能化的生活目标是相悖的。

人机交互仍未摆脱界面交互，缺乏更为简单、直观、人性化的人机交互方式。用户仍未彻底被解放，反而因为对触控交互智能设备的依赖变得越来越不自由，"低头族"顺势壮大了起来，成了这个时代随处可见的非常"靓丽"的一道风景线。

触控这种交互方式本质上与传统的鼠标输入、显示屏输出一样，只不过形式变换了一下。用户仍旧需要有意识的地输入精准的需求，才能获得设备的相应反馈。在信息大爆炸时代，我们今天缺的已经不是资讯，而是如何才能简单地获取有效的资讯。因此，更为简单、直观、人性化的人机交互方式就成为核心。

当前大部分人机交互工具在技术以及使用稳定性上还有待提高。当前，苹果的 Siri，微软的 Cortana 等工具普遍比较机械木讷，难以引起用户使用的欲望，大部分用户只会在相对无聊的时候以它们为娱乐，而不会奢望它们给出什么建设性或者符合自己口味的建议。

显然，当我们谈起人机交互，必定离不开人工智能，二者相互支撑、相互体现且存在技术交叉，是同一技术范畴下相互依存的关系。特别是语音交互，对人工智能的要求相对就比较高了，因为它是人与设备之间信息传输的桥梁与纽带。人的语言反映了人的认知过程，对于智能体的自然语言处理能力有着非常高的要求。换句话而言，智能助理需要具备与人一样的通用智能，虽然我们不要求它们能读懂我们的潜意识，但至少要有识别及反馈场景、时间及语境的能力。至今，用户还难以认真地对待智能设备通过自己有限的"智慧"告诉我们的事情，换而言之，到何日智能助理才能开始被纳入人们的生活重心？一切有待人工智能科学家及智能设备厂商的积极探索。

未来，多模态交互凭借自然、融合、互为监督以及多维感知的优势，将逐渐赋能一系列应用场景，大概率将成为数字经济时代用户与企业多频交互的重要渠道之一，是应重点关注的下一个流量来源。通过"智能助理"的产品形态与用户进行更自然流畅的交互，是企业聚集各类智能应用场景的统一入口。在智能家居应用场景之下，家庭娱乐、生活健康、膳食营养等均有相应的应用。在自动驾驶场景下，增加对驾驶员和乘客的语音、表情、手势等方面的感知，通过多模态信息感知与融合，为用户提供智能化辅助和服务，将最终实现全自动无人驾驶。在企业服务场景下，通过人脸识别技术，实时感知用户情绪变化，基于自然语言处理、知识图谱等技术为用户提供服务，将提升服务水平，实现高效服务。

第4篇

新基建时代，
"新保险"的崛起

自 4G 网络技术大范围普及之后，"数字化转型"一直是保险业内时常被提及的热点话题，从门户网站的兴起到第三方网络平台的快速发展，近期保险运营的中后端也逐渐被一系列新兴数字技术赋能，效能得以成倍提升。但当前保险行业的数字化升级仍未完成。在新一代网络技术的支持下，数据、设备及场景等维度赋予了保险业数字化转型的新内涵，保险传统销售渠道均将有望在用户交互、渠道管理等多个维度实现崭新的转变。并且，随着渠道端的不断放量，企业效能提升的要求逐渐将从前端向中后端转移。对于中后端运营，产品设计与定价、理赔、投资等关键环节的优化将成为关键，最终实现业务运营体系的整体提升。因此，从战略的角度考虑，保险企业需要密切跟踪技术发展的窗口期，并借助新一代的数字技术抢占更优的商业生态位，同时还需借助恰当的管理思想及激励机制促使员工积极应用、整合、重构原有流程，有效化解因运营效能成倍提升而导致的潜在风险，并借助新的运营理念、展业模式及风险管理体系获得更为稳健的持续增长。

"新保险"运营理念的提出，是以未来的视角充分审视当下的结果，是保险运营适应下一个网络时代的新理念。5G 网络的全面商用势必将加速数字经济的发展进程，将带来社会主体行为及交互形式的变迁，同时基于 5G 网络的一系列新兴技术也将因其带来的巨大经济价值，让各家企业争先实施"数字化"运营战略，公司运营因而变得更加"透明"，由此也可能激化同质化竞争。保险经营的运营理念不仅需要强调精益经营，还需要强调差异化竞争。因此，在5G网络时代，保险行业发展的重点极大概率将集中在如何利用线上技术形成差异化的能力，为用户提供更多的有附加值的体验，避免被迫陷入"价格战"。在此发展趋势下，"新保险"运营理念是以解决用户核心需求为本，以一系列新兴技术（5G、物联网、人工智能等）为手段，重新架构保险企业的商业模式，为用户提供系统的服务解决方案，而非单一产品，重构"保险"的新内涵，最终发展出适应5G网络时代的保险发展模式。在以下的几章中，我们将不再赘述新兴技术的应用场景，而是从保险数据、智能设备及保险场景的本质变化的角度入手，阐述"新保险"时代的潜在发展机遇，以及保险行业在5G网络时代特有的渠道变革趋势。

第 8 章

"新保险"的数据

寿险精算的发展已历经了两百多年的历史。相对于寿险而言，非寿险精算的发展起步相对更晚，并且由于非寿险涉及的保险标的更为广泛，各类标的又具有自身独特的风险特征，相应的精算数据沉淀相对较少，精算体系的搭建有待完善。在我国，无论是寿险还是财险领域，对于精算的研究目前尚处于由外部引进或者自我经验沉积的发展阶段。

在 5G 时代，从技术发展趋势来看，无论是寿险还是非寿险机构均将获得更为充沛的"数据能力"，不仅反映在数据的获取能力，还包括数据的处理能力，精算实现全面风险管理的能力有望提升。具体而言，主要体现在两大层面：其一，从风险事故发生的不同阶段来看，借助数据科学在精算领域的应用，保险业全面风险管理的压力不再集中在"损前管理"及"损后管理"，承保过程中的风险管理能力也将有望得到提升。其二，通过应用数据科学，对于风险定价有望实现降本增效，使得保险精算创新性及适用性更佳，场景与假设条件的更新也更为及时。在下一个网络时代，有望实现对碎片化、细节化的保险需求的及时应答及有效供给，并且在风险运营上具备商业可行性。

当然，从现实情况来看，大数据保险精算模式刚刚起步，无论是智能硬件的研发与市场推广，还是基于大数据的精算模型及相关创新性产品的研发，以及外部监管及行业标准的制定等，仍处于概念探讨和初步验证阶段。即便大数据保险估算体系能够发展至成熟阶段，也并不意味着传统的保险精算定价模型被淘汰，相反精算模型和大数据分析模型将相互结合，以大数据、云计算和机器学习等保险科技赋能传统保险业务模式，改进和完善保险定价模型才是未来保险定价模式发展的主流。大数据保险定价模型将会建立更多数据维度场景下的风险估算，从平台化的数据采集到场景化的数据挖掘，到服务化的数据更新，再到个性化的数据应用，大数据分析将全面渗透至保险行业的各个业务环节。同时，传统保险精算可以对大数据精算模式进行比对和检验，进一步优化和沉淀风险量化的精算理论与实践经验。

最终，融合两种模式的保险精算体系可以根据业务需求和监管要求，进行风险精算模式的优化匹配。如对低频高损的风险估算更加精准，以满足监管对赔付准备金及保险机构风险防控的要求；而对高频低损的风险估算降低成本，简化风险赔付流程，以满足长尾客户多样化、个性化的场景式保险需求，扩大风险产品开发范围，减少保险产品免赔额，防范系统性金融风险，回归保险本质，真正提高保险在全社会的风险防范效用及制度责任。

在数据洪流席卷全球的背景下，数据与精算科学二者取长补短，相得益彰，相互融合。在保险领域，由于精算高度的专业性，使得精算师群体显得个性独特，其实这是历史原因造成的错觉，因为在 20 世纪 90 年代之前，经历严格概率论和统计学学术训练的学员相对很少，这增加了精算师群体的神秘色彩。最近二十年来，概率论和机器学习逐渐成为热门专业，在各个大学也得到普及，在专业的培训体系下，精算师群体也日益扩大。同时，精算师使用的所有基于机器学习或深度学习的定量分析工具都已十分成熟，将其与精算理论及实践经验相结合，相信数据科学将在精算领域发挥独特价值。

8.1　精算数据源的特征变迁

在 5G 时代，由于智能设备及传感器等技术的应用，实时数据海量产生。传统保险行业的风控更多集中在保前核保和保后阶段，风险精算使用的数据也大多是沉淀数据或来自再保的精算数据。物联网早在 2G 时代就有了，但是当时数据上传速率慢、传输量较小、传输不连续。在 5G 时代，超越光纤的传输速度、超越工业总线的实时能力以及全空间的连接，使得智能设备及传感器的应用有了很大的发展空间，可靠的高速网络会将数据实时返回给终端。倘若金融机构能够稳定地获取数据，实时的风险管控就成为可能。

实时风控的风险管理理念对于保险业继续保持高速发展越来越重要，智能实时风控将快速发展，对风控的边际效能做出更大的贡献。

首先，使用实时数据能够提高保险企业风险管理的效率，降低风险管理的成本。风控系统中实时数据的应用将突破传统金融机构基于批处理的事后风险监控模式，打通线上、线下的交易风险处理流程，实现全渠道风险管控的闭环，打造立体式防御体系。实时数据是事实数据，利用对事实数据的分析进行风险管理可以使得风险管理的策略更加适应真实的风险水平。为适应真实风险环境的变化，风险管理部门需要不断重新评估风险，修正原有评估结果以适应新的风险水平，而利用实时数据可以减少重新评估风险的环节，提高企业风险管理的效率。通过业务部门联合协作，基于对风险标的线上、线下多渠道的各类数据分析，在保障过程中，对标的进行多渠道的联合监控，从而主动识别风险，进行分析判断并应用风控策略。同时，随着反欺诈技术水平的不断提高，有效的欺诈防控技术通过规则产生式引擎与机器学习引擎并行提供实时风控服务，其智能实时风控不仅能帮助金融机构提高反欺诈工作效果，还能降低欺诈风险管理成本。

其次，实时数据有助于优化风险评估流程，使得保险的承保更加合理。长期以来，保险公司掌握的关于申请人或其财产的特征数据大多为沉淀数据，保险公司用这些数据来评估索赔的可能性和成本，以此作为承保依据，然后在沉淀数据测算的风险的相应价格的基础上进行适当溢价。如若保险公司能实时地洞察其申请人的风险状况，就能掌握多变的风险情况，更加精细地进行风险评估，带来更明智的承保决策。同时，更精细的风险评估可以增加保险公司承保责任范围内承保风险的数量。在传统的风险评估体系下会被拒绝承保的项目，通过实时数据的补充评估后，有可能得出新的评估结果，让保险公司可以进行承保，甚至因技术的应用在风险经营中起到的"降本增效"的作用，相应承保费用将得以有效控制，有望让消费者获得性价比更高、风险保障更为个性化的保险服务。

再次，使用实时数据可以优化用户体验，精准探查客户。金融机构客群下沉，用户信息更加复杂，在保证安全性和合规性的同时，金融机构还需要平衡风控的尺度与客户的体验。在这种背景下，传统的反欺诈手段在时效性、全面性及成本控制上亟待提升。保险公司可以实时数据，更好地定位目标客户，为客户筛选出更合适的产品。例如，实时的互联网搜索历史或分析用户社交媒体内容有助于预测消费者的偏好和行为。反过来，这些分析可用于将消费者与特定产品相匹配，同时这些利用实时数据的分析提高了保险公司对消费者需求变化的理解，这种洞察力可用于创新产品的开发和相关功能的设计。对消费者及其需求的更全面掌握可以优化用户体验，使得用户能够购买到当下最适合自己的保险产品。

但是，实时数据在保险行业的应用也面临着一些挑战。一方面，保险公司合规且安全地掌握实时数据的渠道较少。投保人的相关实时数据具有隐私性，他们不一定愿意与保险公司共享高透明度、高真实性的数据，保险公司和投保人之间的信息不对称可能会扩大。另外，如果保险公司获取了投保人的实时数据，还面临着数据丢失、损坏或被盗的风险。保险公司需要开发新的数据保护系统，防止黑客攻击和其他未经授权的用户访问这些数据。

另外，如果保险公司加大了使用实时数据评估风险的力度，保险公司将对投保人的风险特征有更清楚、更精细的了解，保险公司的价格歧视程度也可能增加。价格歧视是指保险费不仅基于个人的风险水平和保险公司的承保成本，而是将更广泛的因素和指标也纳入保费定价体系中。如利用驾驶人的当前驾龄、驾驶里程数等实时数据能分析出司机驾驶经验的丰富程度，使得缺少驾驶经验的司机被要求缴纳更高的保费；利用当前实时的投保人健康情况数据，保险公司会对健康状况不佳的人增收保费。另外，市场上存在一些具有补贴性质的公共政策保险，纳入其定价体系的数据和相关指标所含实时数据通常较少。若纳入大量的实时数据来进行保险产品定价，保险公司将会根据实时的风险环境变化情况对不同的投保人收取不同的风险溢价。这时本来由政府补贴的风险溢价转由投保人支付，会使得一些投保人放弃投保，于是弱化了政府补贴政策的效果。这给政府的监管带来了挑战，需要相应监管机构进行一定程度的合理干预来调控价格。

保险业要更加"专注"，利用 5G 等新兴技术，实时数据分析等先进方法，完善保险业务，使其回归风险保障和长期储蓄功能，坚持"保险业姓保"。"保险业姓保"，是由保险的内涵和外延所决定的。从行业起源来看，现代商业保险诞生于风险保障，630 多年的立身之本在于能够提供专业风险保障服务的能力，其未来的发展水平也决定于风险保障功能的发挥。从国家定位来看，国家基于产业布局、金融资源配置、社会保障体系建设等因素，将发展现代保险服务业列入国家改革发展的顶层设计之中，主要是希望更好地发挥现代保险的功能，特别是独特的风险保障功能。从市场竞争来看，术业有专攻，保险是人类社会风险管理的制度产物，其核心竞争力就是风险保障。保险行业对实时数据的使用应该扬长避短,从商业长期主义精神考虑,利用实时数据进行风险管理,持续提升科技能力与服务水平,赋能金融,助力金融服务行稳致远,为中国经济发展保驾护航。

8.2　精算数据的来源及治理

在数据的可获得性方面,保险作为风险管理机构,不仅对于个人、金融机构很重要,对整个社会的系统性风险防范也至关重要。数据是保证保险系统持续良性发展的毛细血管,但是数据的可获得性是保险业发展的一大挑战。

由于精算在保险风险经营中的重要性,数据的可获得性对于保险业而言是不可或缺的。保险是经营风险的行业,保险公司将风险聚集,以恰当的手段管理风险,预收保费并提供对未来风险的保障,这是保险行业的特殊性所在。从保险的本质来看,风险池的汇聚及统计精算的要求需要更多的数据带来更多的确定性,数据越多,对风险的判断越精确,对风险的测算越精准。而且,获得更多的数据也将更有效地助力保险公司对风险的实时控制以及合理处理,更大程度地减少保险公司与消费者之间的信息不对称性,减少逆选择与道德风险带来的不必要损失。

然而,在当前的行业生态和政策环境下,短期内解决保险行业数据可获得性的问题仍不可期。一方面,从行业生态来看,以"保险 + 医疗"的数据为例,医疗行业由于其专业性、隐私性等本质特征,不管是处方、医药还是病例,这些涉及病人切身利益的数据出于伦理与行业道德角度需高度保密,相应行业的数据治理规范需审慎制定,而此类数据壁垒也是保险业发展多年仍无法逾越的鸿沟,亦是保险在构建医疗闭合生态圈时需耗用重金打造自营医院的缘由所在。而且，对于多数险企而言，对数据的收集、整合、利用多是从自身的战略布局出发，即对数据的获取是有靶向性的，对战略数据合作方的选择也是有局限性的，其数据存在缺少普适性与完整性的局限。另一方面，从政策环境的角度来看，我国对于数据的跨行业共享、隐私数据的保护、数据的整合利用方面的监管制度及行业规范仍待完善，导致相应数据服务市场的发展仍未规模化。不过，2019 年以来，央行、工信部及银保监会陆续出台了关于数据治理及数据规范的相应文件，目前政策环境已有所改善，保险行业将有望踏出先行步伐。

其中，中国人民银行的《金融科技（FinTech）发展规划（2019—2021 年)》明确提到，要加强大数据战略规划和统筹部署，加快完善数据治理机制，推广数据管理能力的国家标准，明确内部数据管理职责，突破部门障碍，促进跨部门信息规范共享；构建跨行业、跨部门的风险联防联控机制，加强风险信息披露和共享，防止风险交叉传染，实现风险早识别、早预警、早处置，提升金融风险整体防控水平；通过统计信息标准化、数据挖掘算法嵌入、数据多维提取、核心指标可视化呈现等手段，助力"统一、全面、共享"的金融业综合统计体系建设，覆盖所有金融机构、金融基础设施和金融活动，确保统计信息的完整性和权威性；明确金融监管部门的职能和金融机构的权利、义务，破除信息共享等方面的政策壁垒，营造公平规范的市场环境，为金融与科技融合发展提供法治保障；扩大征信覆盖范围，满足社会多层次、全方位和专业化的征信需求，促进信用信息的共享与应用。这份规划为跨行业的数据共享提供了制度保障，也为保险业与医疗、汽车、健康、养老等行业的数据通道的打通提供了政策支持。

在保险行业的业内尝试方面，未来随着物联网、可穿戴设备等技术的发展，"保险＋健康及医疗行业"的生态发展也将更有保证。以众安为例，众安持续布局大健康生态，发挥以健康险为支付端对产品设计主导以及服务整合联动的优势，目前已形成以健康险为起点，连接众安互联网医院、暖哇科技等布局的生态闭环，为患者提供定制医疗服务方案，依据患者过往病情，结合健康现状，提供一站式健康服务。

8.3　数据科学与精算的应用创新

然而第五代精算的应用也存在一定的潜在问题：对保险行业而言，可能会造成不当竞争、加剧产品同质化、增加监管难度；对于保险公司而言，可能会限制数据使用、降低个人支付意愿、增加投资决策的波动；对于客户个人而言，可能会面临数据泄漏、决策权受到干扰、信息劣势明显等问题。本节将从这三个角度具体分析第五代精算可能带来的潜在问题。

8.3.1　保险行业：数据与算法的竞争，监管技术应加快应用

依据美国精算协会相关研究指出，数据科学在精算应用的过程中，初期可能会因滥用数据算法优势，引发保险行业的不当竞争，而当数据算法趋于相似时，会进一步加剧保险产品的同质化，监管难度也会随着第五代精算的发展而有所增加。

其中，费率竞争将由传统的价格战演变成数据与算法的竞争，这是当前海外精算协会重点关注的领域之一。当保险机构拥有了大量数据以及强大算法，风险评估的精确性会进一步提高，保险运营成本会大大降低，因而有利于保险公司获取费率竞争优势。此外，海外市场部分技术公司凭借大量消费者数据的积累以及自身强大算法，可以获得优于传统保险公司的竞争优势，若其滥用数据竞争优势，越界"营业"，可能影响保险行业的健康发展。

保险产品同质化有可能进一步加剧。当前市场，由于保险产品同质化

较为明显，保险产品差异化主要集中在保险条款、保险费率及理赔服务上。随着第五代精算的进一步发展，由于数据来源以及模型算法趋于相似，保险产品费率的差异化进一步降低，保险产品的同质化或将进一步提升，因此强调服务的差异化供给将成为保险机构决胜未来的突破口。

受数据算法复杂性和监管范围局限性的影响，监管难度可能会增加，加速对监管技术的投入是维护未来保险市场秩序的必要手段。随着数据科学的应用，数据的来源、使用是否符合相关法律规定，算法的应用是否存在价格歧视问题，从而降低了保险独有的"风险共担"的社会属性，都将成为未来保险行业监管的重点。然而，数据算法的不透明性会一定程度增加监管难度，即使公开披露相关信息，也会因数据算法的复杂性、监管范围的局限性等产生一些问题，当然监管技术的应用将一定程度防范这类风险的产生。

8.3.2　保险公司：数据使用受限，支付意愿降低，投资决策波动

第五代精算能够一定程度提升对风险的识别及精确衡量，但是在此过程中可能产生诸多问题：一是数据使用的难度限制了保险公司的应用；二是需系统思考精准定价与风险共担的平衡；三是价格歧视或价格波动降低支付意愿；四是客户个人支付意愿降低；五是投资决策的波动性可能增加。

数据使用方面，行业数据治理规范了保险业对数据应用的权限及范围，创新与监管的平衡需要在实践中不断磨合。根据海外实践经验，欧美地区均已先后出台相应的数据保护法规，数据属于信息主体所有，数据使用多以"通知""同意""授权"为原则，一定程度限定了保险业应用数据的权限及范围。此外，在不同场景下，客户对于信息使用的目的持有不同态度。例如，投保时，客户会主动告知个人信息；但是，在社交媒体上，将个人信息用于保费的厘定并不能被所有客户所接受。因此，保险公

司对于个人数据的使用在一定程度上受到了限制，抬升了数据的应用成本。

精算原理方面，大数法则的应用将受到冲击。保险公司可以根据个人风险状况设置更精确的保费水平，与相应的风险水平保持一致，不需要根据群体风险状况进行估计，因而大大降低了大数法则在精算中的意义。

群体差异方面，部分群体可能因高风险、高保费而排斥保险。受保护群体可能因高风险而处于不利地位，尽管剔除歧视性风险指标，第五代精算依旧可以通过其他方式获取该类信息，造成对受保护群体的歧视。低收入群体可能因保费过高无法负担而排斥保险，尤其是在低收入与高风险存在一定关联时，支付保费会成为一种生活负担。

风险评估方面，保费的波动性和评估的准确性可能会降低个人支付意愿。风险的动态评估会增加保费的波动性，保费波动过高会在一定程度上增加客户的保费负担，进而影响客户的支付意愿。评估的准确性会降低保险的价值，风险评估越精确，保险风险共担的作用越小，保险对于个人的价值也会随之降低，个人可以选择以自保的方式降低风险。

投资决策方面，保费的过度波动会造成投资决策的不稳定。保险公司可用于投资的资金由于保费的波动而波动，进而影响投资决策的制定，尤其是长期投资决策，保险公司的利益也会因此受到一定程度的影响。

8.3.3 客户个人：数据隐私泄漏，自主决策受扰，信息劣势明显

对于客户个人而言，获得个性化保险保障的同时，个人数据可能面临泄漏、丢失的风险，自主决策权可能会受到保险公司的干扰，信息的不对称可能使客户处于不利地位。

数字化时代，尽管受数据保护法的保护，个人数据还是会面临泄漏和丢失的风险。保险公司在使用个人信息时，黑客入侵、未经授权的用户擅自访问等都有可能导致这类现象的发生。

保险公司对于客户的监控与干预会影响其自主选择权。通过数字监控模型奖励或惩罚保险公司认为"好"或"坏"的行为尽管能有效地降低风险，但是这种"家长式"的方式会干扰到客户的自主选择。

保险公司因数据算法的优势而处于有利地位，加剧了保险公司与客户之间的信息不对称。一方面，保险公司拥有大量的数据信息；另一方面，相关分析模型缺乏透明度，最终会使客户个人处于不利地位，利益有可能遭受损失。

第 9 章

"新保险"的设备

9.1　智慧养老设备：拓展中端养老市场发展空间

在下一个网络时代，物联网等技术的应用为保险机构提供了将保险产品嵌入现实生活场景的契机，赋予了保险机构实时触及消费者的能力，并提供了与他们建立起自然、高频交互关系的通道，有助于打造真正"零距离"的新保险用户体验。此外，智能设备也有望助力保险业实现对新兴蓝海市场的开拓，其中，智慧养老市场与保险的结合或将成为业内积极研究与重点布局的方向。

据世界银行数据，我国已步入老龄化社会，并将于 2035 年步入超老龄社会。伴随着高龄化、少子化、空巢化程度的提高，社会对养老及专业护理服务的需求也在逐年提升。但在当前阶段，保险公司布局的养老社区所覆盖的客群主要以高端人群为主，而从中长期来看，随着中产阶级人数的增加及人均财富的提升，这部分群体才是未来养老产业的潜在主力客群。尤其是享受第一轮经济改革红利的人群（"50 后""60 后"）逐步步入老龄，这部分群体比较接受智慧养老的观念并且有较好的支付能力，对于养老服务的需求也从单一的陪伴、照顾的生理需求扩展至"老有所乐、老有所为"的精神需求。目前国内养老服务设施和养老机构床位不足，特别是核心城市和城镇化过程中的新兴城市的养老需求增长迅速、供需关系不匹配，或将催生一个新兴的智慧养老市场空间。

从需求痛点来看，传统养老通常存在以下问题：医疗保健不及时、情感陪伴不到位、日常照护不稳定等。智慧养老是指老年人在社区养老和机构养老的基础上利用网络系统和信息平台，享受便利、快捷、互联互通、智能化的养老服务。相较于传统养老，智慧养老以信息化为载体，打破时间和空间的限制，将新媒体社交技术推广到老年人的日常生活之中，可满足老人的生理和心理需求。此外，智慧养老可让老人对自己的身体数据实行可视化监控，减轻老人的心理焦虑。

在此背景之下，保险公司以居家养老为切入点，构建完整的生态链条，保险机构携手智能设备提供商，居家养老向上衔接养老险、长护险、医疗险、健康险等保险产品，同时带动下游的老年医疗、护理服务、慢病管理、智慧养老等健康产业，可整合相关产业，增加盈利渠道。

在此生态链条中，局域网络的完善布局与人工智能成为关键技术支撑，以可穿戴设备为代表的智能产品扮演着"用户触达"的重要媒介。在居家养老的远程监护与上门服务中，可穿戴设备的应用是最为广泛的，且在 5G 网络的大带宽、低时延特点支持下，传感终端布局的物联网在居家养老的情况下是完全可以实现的。可穿戴设备综合运用交互储存技术，代替手持设备或其他器械，可实现用户互动、生活辅助、人体监测、慢病管理、个性化医疗数据采集等功能，以眼镜、手表、腕带、衣服、鞋子、拐杖、配饰、贴片等多样化便携形式，帮助提升居家老年人自主生活能力，缓解养老压力。

但智慧养老的范畴并不仅限于在居家场所和养老机构使用智能家居设备提供辅助养老服务，所有使用信息化设备和新兴技术来帮助提高服务质量、改善老年生活的举措都应该纳入"智慧养老"范畴内。

9.1.1 智能产品的应用模块

首先，智慧养老为"空巢老人"等特殊群体提升获得感及幸福感带来了可能性，其子女也能最大限度地保障老人家居生活的安全。智慧养老中物联网的应用使得老人万一在家发生意外，装在家中的各种传感器会自动报警，从而达到保护老人的目的。不同的传感器的安装可以满足子女与老人的不同需求，监测老人身体状况、丰富老人日常生活、知晓老人活动轨迹、调节室内灯光、暖气等操作都可远程进行，极大地方便了子女与老人的信息交流。

其次，目前来看，物联网"智慧养老"虽还在试点阶段，但费用也不会太高，且届时有关政府部门将会对这一养老项目的普及提供适当的补贴，并在老龄化程度高的地区优先推广，大力促进老人养老生活质量的提高。因此可排除因成本太高而导致该项目无法大面积推广的可能性，即便是经济较落后地区也能在政府的帮助下，实现智慧养老。

最后，老人最关注的就是健康问题，物联网技术的推广能在很大程度上改善老人因疾病发现不及时而导致健康问题的现状。比如设置一个类似于智能腕表的设备让老人随身携带，便可以实时监测老人的身体状况，并以权威科学的数据反映出来，真正做到及时排查老人的隐疾，这必然比专门去医院或诊所做心率等方面的检查要省时方便得多，且有利于早期发现问题，早日解决。通过物联网智慧养老模式，老人的晚年生活在娱乐、健康或生活自理上都能得到很大程度的保障。

从居家养老的需求及可穿戴设备的类型来看，物联网智慧养老技术可做如下分类：

智慧居家安全技术

智慧居家安全技术即为老年人提供居家安全保障的技术。智慧养老中的安全保障主要通过远程监控技术和各种传感器来实现的。借助门禁系统、GPS定位系统、环境监测、跌倒监测系统、床垫传感器、厨房安全传感器等，监控老人的日常活动、睡眠、步态或姿势以及厨房瓦斯浓度等，以发现慢性疾病、跌倒、病情的恶化，评估对治疗的反应以及监控家中环境的安全等，并在必要的时候为老人提供急救服务，从而保障老年人的居家安全。

智慧居家照料技术

智慧居家照料技术即对老年人的居家日常生活提供辅助和支持的技术。最常见的如居家自动化技术、远程照料系统、服务机器人、电子记忆辅助技术等。研究发现，虽然大多数老年人都能够相对独立、健康地生活，但是随着预期寿命的延长，罹患老年痴呆或中风等慢性病的风险也在相应增加，因此，有部分老人需要在日常生活和维持社会参与时寻求支持和帮助。居家自动化技术能够通过家中安装的传感器监测和跟踪老人步态的变化，或者自动打开家门、药柜、冰箱等，这些信息有助于识别出老人潜在的危险状态。服务机器人则能起到辅助老人吃饭、洗澡、移动等作用。电子记忆辅助技术能够提醒或帮助老年人记住某些重要事情，如提醒老年人吃药、关门、关煤气等。

远程照料系统是用来解决老年人医疗保健和社会关怀问题的一个集成系统，它的主要目标是避免住院治疗和辅助在地老化（aging inplace）。远程照料系统通过摄像头、传感器、自动报警器等监控和检测设备，扩展了家庭与外部机构接触的边界通道。

智慧医疗保健技术

智慧医疗保健技术即为老年人的医疗、生理健康和日常保健提供支持和服务的技术。此类技术主要包括可穿戴系统、重要生命体征检测系统、运动状态检测系统、辅助视屏或音频产品、机器人、电子健康记录系统、电子病历系统、远程医疗系统等。

可穿戴系统通过对老年人的重要生命体征、运动状态等进行监测，记录和分析老年人的生理数据，远距离地制定护理计划、远程咨询，形成不同护理提供者和机构之间的合作网络，为老年人的医疗健康提供有效的支持。重要生命体征检测系统和运动状态监测系统通常需要借助可穿戴设备或物联网技术来实现。

辅助视频或音频产品既可以辅助老年人的生理康复锻炼，也可以辅助开展认知恢复训练。电子健康记录系统和电子病历系统则主要用于记录老年人的健康状况及患病史等信息，辅助医护人员更及时、准确地识别和判断老年人的病情。远程医疗系统能够使老年人不需要随着对健康照料服务需求的变化而改变居住地，从而成为一种支持老年人在地老化的潜在解决方案。

智慧心理慰藉技术

孤独感和隔离感是居家老人面临的主要问题之一。由于亲密关系丧失、身体机能衰退等原因，抑郁症、老年痴呆等心理和精神疾病在老年人中越来越普遍，老年人的心理健康护理已成为老年人护理的核心问题之一。

智慧心理慰藉技术即主要为老年人的心理健康护理提供辅助和支持的技术。电话咨询、可视电话、网络教育服务、手持设备和智能手机等能够有效地排解老年人的孤独感、增强与外界的接触和联系，已被广泛用于老年人的心理健康护理。而陪伴机器人则能够通过与老年人交流对话提供情感支持、娱乐游戏、抚摸接触等，缓解老年人的孤独、情绪低落、低幸福感等心理问题，改善老年人的心理健康；同时，陪伴机器人还能通过提供认知训练、与老年人进行肢体和语言交流等，对老年人的心理进行干预，改善老年痴呆患者的抑郁情绪和激越行为，降低患者的压力和焦虑水平。

宠物机器人能像动物一样陪伴老人，排解老人的孤独感，还不会有病菌传染的问题。

以上的智慧养老技术能否被采纳的影响因素如下：

在地老化的愿望。在地老化的愿望，是正向促进老年人技术采纳的一个最主要的因素。在地老化即无论一个人的年龄、收入、能力如何，都能安全、独立、舒适地在自己家中和社区中生活。由于自己的家庭、过去的记忆、家中的财产和与社区环境的关系，大多数老人都希望住在现在的社区中。希望能够通过积极的行动满足在家养老需要的老人，更愿意接受在家中安装技术设备，包括对他们的生活方式的监测等。智慧居家养老技术能够支持老年人实现在地老化的愿望，对技术的采纳有正向的影响。

技术的期望收益。当老人感知到技术有用时，他们就会使用该技术，即使不知道是什么导致了这种感知。有时感知的利益也被具体指代为期望提高安全性，如为老人独自在家提供意外监控和救援、跌倒监测等安全保证。

另外，新技术的使用可以提高老年人的独立性、减少家庭照料者的负担。远程照料系统有助于增强人们自主地分配时间和努力保持独立的决心；另外，安装了远程照料系统后，老人可以自由地"控制自家大门"，这被认为是独立和控制周边环境的基础。对家庭照料者来说，新技术能够使他们随时了解到居家老人的日常活动，并感到心安；同时，家庭照料者还能通过远程医疗系统等获得医生及专业护理人员提供的专业护理意见和建议，提升自己的护理知识和技能，进行正确的护理；对于没有护理经验的家庭照料者来说，这些专业化建议能够有效地降低他们的照料负担和焦虑。

9.1.2　科技赋能下的居家养老

智慧居家养老的最终目的是要处理好养老服务的"最后一公里"问题，积极主动地解决现有养老模式存在的问题，让老年人的健康需求不只依靠医院途径解决，力求能在家中就可以享受到优质的医疗服务。近几年间，适应智慧养老服务产业的各类企业开始创立，创新的服务模式不断涌现，投融资市场十分活跃。智慧养老服务产业发展的重要转折点在 2020 年左右。2020 年以后，基于网络的无形市场规模会逐渐接近传统的有形市场规模，预计智慧养老服务产业将进入成熟期。

未来智慧养老的主要形式是智慧居家技术的普遍应用，也就是将新一代信息技术、物联网、云计算、大数据和人工智能等技术产品集成应用于老年人的家庭，为老年人提供安全、便捷、舒适的服务，这是养老服务产业的创新模式和形式。

利用可穿戴技术实施的无线健康监测可为老年人群体提供"普适医疗"服务，让任何人在任何时间地点都能获取不受地点、时间和其他因素限制的医疗服务，并且在医疗质量和覆盖面上不断提升，包括疾病预防、保健和健康检查，短期家庭医疗监测、护理机构长期健康监测和个性化医疗监测，发病率检测和管理，急诊介入、救护和处理。普适医疗应用包括普及性的健康监测、智能应急管理系统、普遍可获取的数据接入、无处不在的远程移动医疗服务。这样的医疗服务需要依靠可穿戴终端设备来辅助完成。"可穿戴设备＋居家养老"的模式可采用如下设计：

可穿戴设备作为实时数据的采集终端

与源自传统的医院电子病历（EMR）、目前已有一定市场规模的智能手机健康管理 App、政府助推的居民健康档案（EHR）、民间早已积累大量数据的第三方机构和社交网络等节点的老年人医疗健康数据进行集成。

数据集成模式———终端采集，线上线下双读取模式

整个流程包括可穿戴设备实时数据采集、线上中枢的数据集成分析、线下数据的读取（相关设备安放在家中、社区卫生服务中心或者医院），以及基于可穿戴设备的实时健康决策支持系统，形成老年人健康档案与就诊、体检和日常体征监测等数据的集成。

采用可穿戴设备的原因在于，老年人的心理特征、生理特征和生活方式具有特殊性，技术焦虑较为突出，新技术接纳意愿较低。因此，智慧养老服务设施和设备的采用必须遵循老年人的使用特点，降低设备使用难度，将原本完全由智能手机和计算机进行处理的可穿戴设备数据分析的最终步骤导流到线下，以健康信息读取设备的模式，在老年人日常锻炼、活动和就诊的过程中，通过读取分析设备与可穿戴设备的对接，使老年人及时获取自身健康状况报告，获取专业诊疗意见，提高老年人养老生活的质量。

个性化数据搜集分析，推进智慧养老服务，改良临床路径

以智能可穿戴设备为终端载体，对老年人的日常健康行为进行监测，与目前已经部分实施的社区智慧居家养老服务相结合，将原本基于社区医生和护理人员定期上门采集数据的模式，拓展成为实时采集和定期采集相结合的模式，缓解国内医护人员短缺的问题。通过数据分析，在就诊时实现报告的读取，让医务人员对老年患者的身体状况更加了解，降低因信息不对称引发误诊的概率，合理配置资源，简化诊疗程序，优化临床路径。

另外，我国在人口老龄化过程中，老年人呈高龄化趋势，失智失能风险提升，而我国医疗、康复、护理类专业化服务人才较为稀缺，使得专业化养老服务难以满足日益增长且多元化的养老需求。目前能对失能、半失能老人提供专业护理和医疗服务的机构数量有限，有能力进行风险管控和承担责任的机构更少。基于此，智能居家护理机器人在应对标准化的疾

病、提供护理时的优势就可显现。

专业的智能机器人的出现能有效弥补专业护理人员的缺口。我国养护人才处于失衡状态，尤其是看护人员、护理人员等专业人才非常紧缺。根据北京师范大学公益研究院发布的《中国养老服务人才培养情况报告》，目前各类养老服务设施和机构的服务人员不足50万人，其中持有养老护理资格证的不足2万人。而按照每3个失能老人配备一个专业护理人员来计算，我国需要1400万护理人员。巨大的人才缺口导致目前一线护理人员"鱼龙混杂"，水平参差不齐。其中许多护理人员不仅平均年龄较大、受教育程度较低，而且缺乏系统的医疗服务培训。同时，医养结合的推行对全科医生的需求也非常大。受教育失衡、职业发展受限以及收入水平较低等因素影响，我国全科医生数量有着巨大的缺口。根据卫健委数据，当前中国执业医师中只有6%为全科医生，远远低于西方发达国家的平均水平。

目前，智慧居家养老中不可或缺的一环便是医养结合，此类商业模式仍处在摸索阶段，不同类型的市场参与者纷纷积极探索符合中国市场需求的居家养老与医养结合模式。医养结合关注资源整合和服务能力的提升，其重点是通过对医疗资源的整合来提升医疗服务能力。从已有的实例来看，首先是社区嵌入养老部分，这部分与机构养老类似，需要对社区养老服务中心和社区卫生服务中心的功能进行整合，统一运营管理，充分发挥社区养老日间照料床位的作用。其次是居家上门服务部分，一些养老服务机构开始增设医疗相关服务，通过与辐射区域的医疗机构合作获取专业人才资源，从而向老人提供药品、康复指导和训练、体检等服务。除此以外，也有居家养老机构致力于对专业医养服务人才的培训。一些商业化居家社区养老机构将此三个模式结合起来，引入移动互联网技术以及远程医疗技术，逐渐提升医疗服务质量和医疗服务能力，为老年人提供高效、便捷的服务，有效地实现了专业化居家养老。

比如最近流行的虚拟养老院概念，就是建立一个区域化养老信息服务云平台，老年人将服务需求通过电话或者网络告知云平台，平台便会按照需求派企业员工上门为老年人提供服务，同时对服务质量进行监督。它既有针对医疗护理、养老照护经验的复合型服务人才的培训，也开设养老照料中心，还提供居家上门服务，其中80%的医护资源来自北京各大三甲医院。

▶ 案例1　智慧居家养老的实践

随着物联网技术的不断发展，智慧养老不断探索和创新，为解决我国受到全社会关注的养老问题，全国正在全面建设智能化养老产业并不断推广。

例如，浙江绍兴将"智能终端＋实体服务"应用于智慧养老系统中，成为浙江智慧养老的主要示范点，此项措施能够为老人提供紧急帮助、生活照护等实质性服务。据了解，在此项措施的实行下，截至2017年，绍兴市在城乡建立了超过1500多个智慧养老服务中心，为近60万人提供养老服务。

据调查，浙江绿城集团重点打造学院式养老新品牌。如今绿城集团紧密结合信息化技术，利用专业化的器械或智能穿戴设备定期为老人检查，让老人不用去医院就能检查身体或者接受治疗。据了解舟山市绿城"颐乐学院"的健康小屋能够提供血糖、血氧、血压、骨密度的测量以及采血等服务。此外每间老年人居住的房屋内都安装有紧急呼叫设备，防止意外事故的发生，为老人提供安全保障。

福建省厦门市致力于打造社区20分钟养老服务圈与"无墙智慧养老院"。安徽省合肥市蜀山区的南七街道和井岗镇被确定为国家第二批智慧健康养老应用试点示范街道……可见，全国各地都在探索智慧养老新模式。这些措施有效地促进了养老服务行业的发展，提高了养老服务行业的整体质量和水平。

9.1.3 问题与挑战

技术的使用成本、可替代性以及对技术的顾虑

技术的使用成本是很多老年人不接纳新技术的一个主要原因。这些成本包括技术本身的安装和维护等显性成本，也包括使用技术过程中需要付出的努力及需要子女等家人付出的时间、精力等隐性成本。很多老人担心无法支付技术安装或维护的费用，也担心技术产生的数据会给已经非常繁忙的子女造成信息过载的压力，或给子女发送不必要的信息，老人不希望子女将大量的时间花费在接受来自监控设施的数据上，尤其当很多信息并不重要时。最后，老人害怕技术操作困难，担心他们无法控制技术。

当老人考虑使用智慧居家养老技术时，他们会表露出很多的顾虑。隐私问题是大多数研究中识别出的一个主要问题。当提到使用技术时，老人首先会考虑到个人的隐私问题，他们担心在家中安装监控器等设备，会让他们的生活毫无隐私可言，因为他们并不希望将自己的生活、健康等信息与家人、同事或同辈分享。

技术的可靠性是老人担心的另一个问题。他们总是担心技术无法像人一样做出准确的判断，会在自己并没有受伤的情况下错误地发出报警，叫来救护车；或不经意间就会触发警报等。另外，老年人也表达了对技术使用结果的担心，认为技术的使用可能会对他们的健康造成负面影响，如辐射致癌等。还有人担心使用技术可能无法实现其目标甚至无效，担心新设备安装在家中会过于引人注目或显得突兀，或者担心当别人看到他们携带技术设备时，会认为他们的健康状况不佳或身体虚弱，需要特殊帮助，等等。

养老服务中，老年人缺乏陪伴与精神关爱

养老服务体系中，给予老年人的陪伴和精神关爱也非常重要，国内老年精神关爱服务事业的建设远远滞后于经济建设和社会养老服务体系的发展，部分老年人缺乏家人的关怀与照料，家庭养老支持不够，虽然通过社区养老服务可以给老年人的生活和医疗保健提供支持，但是难以顾及精神关爱。可穿戴技术和设备可以帮助子女远程监测父母的身体状况和日常活动情况，实时沟通身体保健和生活服务问题；同时通过社区的情景监控设备，对老年人在家庭和社区中的活动进行捕捉和记录，增强独居和留守老年人的空间安全感，实现远程、实时、个性化的养老精神关怀。

9.1.4 展望

智慧养老的优势主要表现在节约成本、增加连接感、增加安全感、改善健康、提高生活质量等方面。

节约成本：远程照料系统能够通过提前预防和早期介入减少老年人的入院率，提高出院率，从而节约医院的成本。而定期来自护理人员的电话询问能够降低发病率或延缓住院，节约老人的医疗成本。远程医疗系统及生命监测设施的使用将节省去医院看病和看急诊的时间、费用和精力。

增加连接感：研究证明，使用信息技术能让老人感受到自己与服务提供者、医护人员等的连接，降低社会隔离感。互联网支持的沟通能够加强与外界的联系，获取社会支持，激发自信心等。技术的使用，在为老年人及其子女提供新的沟通渠道的同时，也创造了更多的话题和机会，促进了老人与子女的沟通。宠物机器人和宠物一样，能降低老人的孤独感；3D 虚拟环境能够为在线情感交流提供额外的支持；视频游戏、关系代理、虚拟现实技术的使用也能产生类似的效果。

增加安全感：远程照料系统提供的健康信息等，让老年人增加了对自身状态的控制感，提高了老人的独立性，延迟或避免了入住养老院，实现了老年人尽可能长时间在家中养老的愿望。智慧居家技术通过对居家环境的监控和智慧辅助，为老年人提供了安全感。电子健康系统能够提高老年人对自身健康相关信息的访问效率，实时监测健康及环境状态，增加老年人对自身身体状态的了解程度，提高了对慢性疾病的自我监控和管理的有效性。跌倒监测系统则被证明能有效地预防跌倒，为老年人的行动安全提供了有效的保障。

改善健康：电话关怀能够提升对老年人的治疗效果或减轻症状，持续的电话跟踪能够提高老年人持续治疗的信心和自我效能。远程监控有助于改善心脏衰竭的老年人的健康状态。远程医疗设备通过视频等方式促进沟通，能够提升老年人的认知功能及日常生活能力。虚拟现实技术能够提高老年人参与认知训练的积极性，显著改善老年人的认知训练效果和认知水平。远程医疗系统能够提高糖尿病患者的血糖控制效果，有效降低血压和低密度胆固醇。可穿戴设备通过定期向老年人提供已识别的有关移动性、身体活动、锻炼和跌倒风险等的数据和报告，可以促使老年人加强日常活动和锻炼。

提高生活质量：视频电话、机器人的使用已经被证明能够提高老年人的主观幸福感。远程照料系统及辅助机器人的使用能够减少老年人的抑郁及孤独感。远程照料系统的使用由于加强了与子女等的联系，也改善了老年人与心理状况相关的生活质量。远程照料系统的使用有助于改善老年人的健康状况，培养良好的生活方式，使老年人有更多可以自由支配的时间，提高老年人的生活质量。

未来保险建立智慧养老生态的应对之策：作为《健康中国 2030 规划纲要》的重要组成部分，国家未来一定会继续对养老产业的相关政策进行细化，简化准入流程的同时，在税收、补贴等方面提供优惠政策。同时，养老产业是一个政策导向性非常强的产业，无论机构养老还是居家养老，许多项目的开展、执行和获益都非常依赖政府的背书和支持。

因此，现有养老市场的参与者如保险公司、可穿戴设备制造商以及医疗机构应积极关注政策动态、把握政策趋势，争取在提供优质产品的同时能够享受到政策带来的红利，提高盈利能力和市场竞争力。另外，由于具体的优惠和补贴细则通常是由地方政府制定的，所以在做区域市场选择时也应做足对于地方政策的调研。

市场参与者应明确市场定位，根据国情设计产品。虽然中国经济持续稳定高速增长，但整体购买力提升相对较慢，尤其是许多老年人长期养成了勤俭节约的习惯，对于总支付额难以预估的高端养老消费支付意愿不强。因此，把高端妇幼保健院的模式套在养老产业不一定能够行得通。现有的高端养老机构和老年公寓中入住率较高的大多是主打地产属性的产权销售类产品，用户之所以付费，主要看中的是产权的投资价值而非服务价值，非销售性质的高端养老机构入住率非常一般。另一方面，公立养老院和疗养院等机构虽然收费低，但大部分公立养老机构的条件也较差，只能满足老人的基本生活需求，缺乏品质服务，很难实现"老有尊严"。随着医养结合的深入，市场参与者应借此机会重新审视自身的市场定位，根据地理位置、周边人群购买力等指标合理进行产品设计，争取精确地抓住市场需求。

目前，中国居家养老服务的多样化仍显不足。因此，未来居家养老的市场参与者应把重点关注放在对老年群体具体需求的挖掘和匹配上，能够根据老人的年纪、身体状况和经济状况提供相应的服务和产品。当然，由于中国目前仍然缺乏相对完善的老年人能力状况分级、分类体系，在如何"定义"不同类型的老年人上缺乏政策和法律支撑，也会为服务提供者和支付者带来风险。因此发展居家养老是需要多方共同努力的事业。

更重要的是，对养老产业已有系统化投入的市场参与者，可以尝试通过数字化技术进行产品和服务创新，以提升附加价值和盈利能力。目前，数字化技术在中国养老产业的应用主要有几个方向。对于居家养老来说，首要的工作就是区域化信息云平台的建设和老年人健康档案的普及。未来，随着数据的积累和分析能力的提升，居家养老服务的提供者可以将客户定义和分类，根据老年人不同的身体情况、服务需求、经济能力和个人偏好等信息定向推荐合适的服务和产品。

而对机构运营者来说，养老信息系统的升级和与医疗信息系统的打通和整合非常重要。医养结合机构的信息系统除了现有的养老信息系统外，还应加入能为养老机构提供电子病历管理、体检管理、药房管理、理疗康复管理以及医护工作站管理等功能的信息系统，这样才能更好地为老年人提供医养结合服务，而不是相对孤立的服务。此外，无论是对机构运营者还是对居家养老服务提供者来说，远程医疗和护理技术的应用和升级也非常重要。由于多数老年人患有慢性病，对于慢病管理和长期护理的需求较大，通过物联网、影像传输、可穿戴设备和床旁护理等技术的应用实现对老年人的远程健康监控、远程问诊和远程护理意义重大。

此外，养老服务业因其无法摆脱的公益性质而属于薄利行业，因此产业链每多一层就会进一步摊薄利润空间。因此，产业链上的主导企业应根据自身既有的资源和优势进行供应链整合，提升盈利空间。

总而言之，我国智慧化居家养老的推进不是一朝一夕就可以完成的，离不开行业各个方面的整合，包括行业监管层面的整合，行业资源的整合，以及各种服务模式和技术的整合等。而这些整合需要行业相关方的共同努力，只有这样才有机会探索出最适合我国的智慧化居家养老模式。

9.2 智能康养设备：深度参与用户康养全流程

智能康养设备的意义，在于基于对健康场景的风险管控能力的提升，借助对消费者的心理激励，促使消费者做出提升自身健康水平的行为改变，直接降低消费者的健康风险，通过数据监控与分析为消费者提供个性化的健康解决方案，来优化消费者的健康险费率。在未来，深耕特定场景并将风险管理做到细节处，做到消费者的"痛点"上，通过保中过程风险管控的方式强化与用户的交互，将成为业界关注的重点。

9.2.1 United Healthcare[⊖]

United Healthcare 与 Konami 和 Zamzee 三家企业携手推出了一项创新医疗健康计划，通过名为"Dance，Dance，Revolution"（劲舞革命）的游戏项目，帮助降低儿童肥胖风险。Zamzee 负责开发智能可穿戴的活动测量设备，Konami 负责开发游戏。Zamzee 研发了可穿戴的活动测量仪，在儿童的鞋子或衣服上夹上 Zamzee 的三轴加速仪，就能测量锻炼强度和频度，结合 Konami 公司的视频游戏，督促儿童锻炼，让超重儿童在游戏运动中降低体重，也降低肥胖风险。

United Healthcare 通过此项创新医疗健康计划实现了儿童健康险保中风险的防控，运用"运动健康＋保险"理念，实现了用户主动的健康管理。

9.2.2 CIGNA[⊖]

美国信诺保险公司针对中高端团险客户，创新性地设计了基于智能可穿戴设备的健康管理计划。具体来说，信诺保险公司与自身团险客户公司的人力资源部门展开合作，帮助客户的人力资源部门发起自身员工的健康管理计划，员工可自愿选择是否参与。信诺保险公司给参与者发放的 Fitbit、Body Media 等智能可穿戴设备能够收集如步数、身体质量指数、心跳、睡眠等日常数据。在员工的允许下，这些数据会被发送给信诺保险公司，并与医院和体检中心所提供的健康数据相结合，由信诺保险公司进行系统性分析，从而为团险客户识别潜在的健康问题、提供锻炼建议、早期医生服务推荐等增值服务。

信诺保险公司的健康险管理计划不仅为客户提供了保险产品的保障功

⊖ 资料来源：联合健康集团。http://www.uhcasian.com/english/index.htm.

⊖ 资料来源：信诺保险公司官网。https://www.cigna.com/.

能，同时也提供了健康风险管理服务。此种模式一方面有利于保险公司通过对用户健康状况数据的实时分析来为客户提供健康问题相关建议，帮助客户降低患病风险；另一方面也有利于其实现保险产品的个性化精准定价。

智能可穿戴设备因其体积小、便携、外观时尚等特征日益成为消费者追捧的对象，而智能可穿戴设备与保险的结合则为前者赋予了新的健康监测功能，同时也为保险服务提供方扮演近实时的全天候健康风险管理者角色提供了契机。根据中国保险学会发布的《2018 年中国保险消费者信心指数报告》显示，很多消费者都希望买保险时能"省时省力不麻烦"。消费者期望保险公司的服务能做到"一条龙"，提供综合性的保险计划。此外，消费者期待自己购买的保险服务范围可以进一步得到拓宽，如健康险可以同时提供专家诊断、就医绿通、海外就医等延伸服务。在保险产品方面，消费者期待综合性保险计划，更加全面地提供风险保障。借助智能可穿戴设备传回的数据，保险服务提供者不仅能对被保险人的健康状况、生活习惯、饮食健康程度有一个全方位的、立体的观察与解析，降低保中过程的道德风险与欺诈风险，同时，日常的健康关怀也为保险公司品牌温度的传播提供了新的途径。

9.2.3 Vitality 案例

健康险是目前国内外保险公司竞相发展的重点之一，健康险与日常风险管理的结合在全球范围内也早有尝试，来自南非的 Discovery[⊖]集团及其旗下的 Vitality[⊜]公司是保险业内实践健康场景风险管理的先驱者，且它们较为成熟的健康场景管理经验也为它们带来了庞大的客户群体。Discovery 集团成立于 1992 年，是南非最大的医疗保险公司，以其独特的科学健康计划为基础，提供高度差异化和创新的保险方案（图 9 - 1）。

⊖ 资料来源：《Discovery 2014 年年度报告》。https://www.discovery.co.za/portal/.

⊜ 资料来源：Vitality 健康管理计划。https://www.vitality.co.uk/.

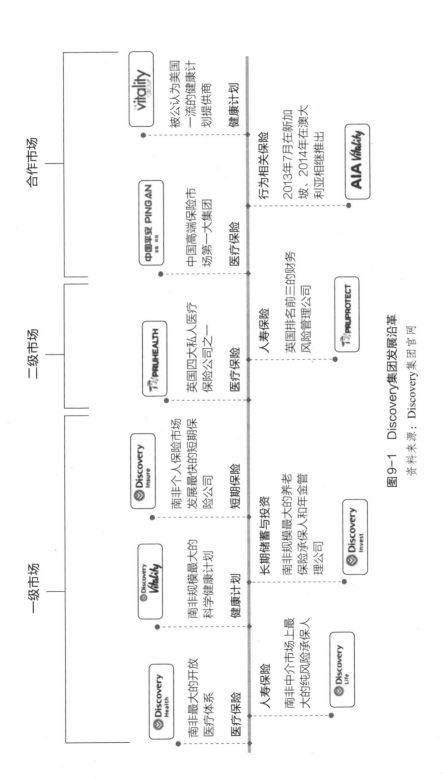

图 9-1 Discovery集团发展沿革

资料来源：Discovery集团官网

Discovery 发展的 Vitality 计划提供奖励和折扣，促进保单持有人改变行为习惯，还利用技术和数据分析来鼓励健康行为。通过健身会员资格、健康食品折扣以及基于个人健康目标的其他奖励，Vitality 计划为人们提供改善健康的激励，然后通过降低年度保费、免费旅行和津贴来动态奖励会员。

Discovery 的核心目标是让人们生活得更健康，提高生活质量和保护人们的生命。通过 Vitality 计划，Discovery 有效地做到了基于健康场景的风险管理。

通过 Vitality 获得健康

Vitality 通过鼓励会员进行相关的健康检查、健康饮食、积极锻炼，为会员提供改善健康所需的工具和支持。此外，Vitality 提供了激励措施以保证会员拥有参与 Vitality 活动的动力。具体的计划包括：

健康检查和评估，进行 Vitality 健康检查。Discovery Vitality 计划使医疗计划成员可以轻松地进行定期健康检查，然后通过健康的生活方式选择获得奖励。成员可以在经过认证的健康中心、药房、商店或活动过程中进行健康检查。了解自己的健康状况。Vitality 通过年龄评估，得以了解会员的健康状况与实际年龄的关系。每年一次的 Vitality 健康检查由 Discovery 集团管理的大多数医疗计划的筛查和预防福利金支付。例如：在 Vitality 指定的餐馆进餐，或者购买健康食品，可以获得高达 25% 的现金回馈。儿童餐可获得 50% 的现金返还。

会员通过积极运动、合理膳食并进行所有健康检查来获得 Vitality 健康点数。会员将在每个 Vitality 状态级别享受各种奖励，并在会员变得更健康时提高其健康等级。

通过与知名国际品牌合作打造 Vitality 品牌国际网络

Discovery 集团的首席执行官和创始人 Adrian Gore 表示，Discovery 的

Vitality 模型已在 15 个国家和地区获得应用。该模型正通过全球 Vitality 网络输出到世界各地主要市场。全球 Vitality 网络是全球领先的保险组织联盟，通过使用 Vitality 共享价值保险来改变其保险经营方式 。

独立研究机构和临床证据表明，Discovery 的 Vitality 商业模式已被证明可以降低发病率和死亡率，从而降低理赔成本。Vitality 成员的住院费用降低了 30%，比其他受保人群的寿命长 13 至 21 年。截至 2017 年，参与者的医疗成本降低了 30%。Vitality 计划的净效果是成员寿命更长、生活更健康、理赔更少。

9.3 传感设备：提升承保过程的风险防范力度

海上保险是一类特殊的保险业务，由于航运险的保险期间一般是一段特定的航程，而船舶在海洋上行驶时保险人对于此标的是无法进行监控和关注的，保险人面临被欺诈的风险较高，因此对于船舶标的实时风险监控尤为重要。船舶的传统特征（船龄，吨位）只能提供关于操作行为以及船体易受风险影响的因素的有限信息。但是现在，保险公司可以使用数据提供方的船舶详细行驶行为和情境数据，开发一系列潜在应用，例如，比较船只以识别危险的操作行为。这些数据包括速度、与其他船只的距离、同一港口的船舶数量、危险的水域和维护报告。这些行为数据可以与其他行为数据相结合并建立模型，捕捉不同事件的关键驱动因素类别。在一些试点环境中，一些海运保险公司合并了五年的新数据作为历史数据，并发现基于对航行过程中的变化行为做出判断并有效应对有助于将其损失率降低 7%。一些保险公司目前正在确定可能有更好预测价值的数百个新的行为数据点，它们相信实时的数据监测相比传统的静态因素更能对有关现实情况的决策形成有力的补充。

结合目前的航运和港口现状，港口和船舶变得越来越大，监控特定风险数据是风险管理的关键，保险公司收到在预定区域和关键数据监测端口的警报时，将更好地制定它们提供的承保范围及风险管理措施（例如增加免赔额，提示或者促使客户改善预防措施）。一些公司正在探索对这种行为数据进行分析的潜力，以便更好地管理风险。根据这些数据点，保险公司也可以针对目前保障不足的船只提供更完善的风险保障。

不仅仅是海上保险的实时数据监测对于保中过程的风险管控有重要作用，从保险产品的服务流程来看，传统的保险产品在承保后便脱离了保险人的监控，直到出险或者保险期限满，保险人才再次出现，保中过程的服务断层对于消费者来说是保险服务的缺失，对于保险提供方来说也丧失了传递品牌关怀的良好契机。因此，实时数据的监测尤为重要，意义重大。

第 10 章

"新保险"的场景

在服务为本的新保险时代，保险公司以用户保险需求为核心进行跨行业整合，是公司贯彻保险服务本质的重要战略布局。该商业模式的优势在于通过跨行业的资源整合，满足保险用户的日常生活需求，通过频繁的服务交互赢得客户信任，最终达到管理一个用户或家庭的"资产负债表"的目的。同时，该模式便于保险公司对用户实施交叉销售，实现多次的流量变现。

在第 8 章中，我们看到"新保险"的数据特征不同以往，数据的实时化带来特定场景中数据的即时交互与确认，也为"新保险"的场景化创新提供了新的技术支持。所谓场景，场是时间与空间的结合，景是情景与互动的结合，场景化的保险在特定时间、特定地点，因为特定需求产生情绪触发，从而使人产生购买保险服务的行为，并在获得服务的同时，与保险服务提供方进行数据等信息的交互。数据的交互则为数据化场景下的保险产品提供了产品创新、需求洞察、用户服务、营销管理等方面的可能性。结合数字经济的发展与金融消费的场景化创新趋势来看，保险业的场景跨界与聚合也被赋予了更多的可能性，更是为保险业的高质量发展注入了新的思路。

当前，保险产业的融合不断深化，保险服务的边界不断模糊，保险跨界与生态构建逐步成为保险经营发展的大势所趋。跨界的场景、产业越多，场景间、产业间的异质性越大，融合价值网的外部性就越大，经济效益就越高。跨界价值网通过不同主体间的广泛连接，大幅提升产业边际效益，导致跨界价值网的收益随着连接场景的增加而呈现 $1+1>2$ 的效果，最终实现显著的经济价值。

10.1　场景细分与碎片化

数据化的场景与以往的场景有着显著的差别，从互联网保险诞生以来，结合用户需求痛点开发场景化保险是各保险公司的战略之一，但5G背景下的保险场景，拥有传统保险场景所不具有的双层特性，表层是物理世界的场景化保险服务，深层则是场景化数据的发掘、留存及价值的利用。

从表层的场景化保险服务来看，它的形成与呈现离不开保险产品内在的创新需求，是保险产品自我进化的要求。面对客户群体的多元化和标的多元化，保险服务的多元化迫在眉睫，但是没有一款保险产品是能满足所有需求的，所以根据不同场景下人和场景不同的连接方式，保险产品的形式也要有所变化。场景细分化与碎片化的技术原因是智能终端的普及和应用，智能终端形成的硬件实体流赋予保险更多的应用场景，智能终端背后的数据流则为场景化保险服务、营销与风控注入了新的养料。

10.1.1　智能终端构成的实体流是场景细分与碎片化的硬性支持

智能终端的普及为场景的细分提供了技术支撑，多样化的智能终端赋予智能终端新的特性与功能。在未来，生活场景中无处不在的智能终端将通过实时或近实时的数据还原勾勒物理世界，场景的细分化与碎片化得以被大家认知，与此同时，智能终端带来的场景变化也孕育着新型消费入口。

以华为○为例，在华为的智能家居战略布局中，连接无处不在，无缝的连接网络、自动的连接过程、稳定的连接效果为用户带来了"无科技感"的智慧家居场景体验；智能终端与人之间的语音交互、视觉交互为用户带来了人性化的交互体验；智能管家为用户提供各种所需的服务，即从有限的服务到所想即所得再到所需即所得，并最终实现家居场景中人与终端在情感层面的交流；借助终端上传至云的大数据，智能家居也将具备自适应学习的能力，赋予场景更多的智慧。

在华为的智能家居生活馆中，每件家具电器均具备各自的传感器，借助统一的通信协议和内嵌于物联网设备的芯片，智能家居可为用户提供独特定制的场景体验。用户借助手机"小屏"操作，小屏联动大屏，重新定义和改变了人与商户的关系。在华为的智能家居应用中，用户无需下载App、配对、连接等一系列繁复的操作，只需轻轻触碰 NFC 标签就能实现投屏。方便的连接方式让用户可以轻松将手机内容共享到智慧屏上，60 帧低时延投屏完全可以满足共享需求。这种连接是"无感"的，轻松即时的家居氛围也会使用户更真实地暴露自己的行为状态，方便商家进行用户行为数据的收集。智能家居带来的人性化体验也传达着商家对消费者生理及精神方面的关怀；伴随此种生活方式的流行，新的、细分的、碎片化的场景也被创造出来。

具体来看，华为智能家居的智慧生活馆模块提供专为健康睡眠定制的享睡智能睡眠监测器、享睡纽扣、享睡香薰助眠灯，为用户营造专属于睡

○ 资料来源：《华为发布智能家居战略》。https://www.huawei.com/cn/press-events/news/2015/09/huaweifabuzhinengjiaju.

眠的场景；在休闲娱乐模块，多功能网关、人体传感器、空气净化器与读写台灯的智能联动为用户提供便捷的休闲场景；对于日常的健康管理，室内的温湿度管理、智能体重器、空气质量检测仪给用户带来时时刻刻的健康关怀与指导建议；在智控全彩灯泡、全景摄像头、智能电动窗帘的支持下，用户更是可以直接进入"懒人模式"。

此时的用户在特定生活场景中的行为动机也会不同于以往，将在虚拟端分析的用户动机与用户在实体场景感受到的反馈相结合，虚拟与现实的界限在5G及物联网的支持下逐渐模糊，物联网实现了信息流与实体流的合一，让实体世界实现有组织、主动的感知互动，让虚拟分析从时间、空间两个维度全面感知实体用户的行为、准确预测实体用户的走向，让虚拟分析的服务和控制融合在实体场景的每一个环节中[一]。

10. 1. 2　智能终端背后的信息流是保险与场景相互滋养的软性养料

数据在发掘用户隐性需求方面的价值是不可小觑的。数据化的场景下，多维的实时数据也为保险服务提供方分析用户需求提供了立体感知的环境。在场景的构成因素中，场是时间、空间的限定，人为操作改变的可能是很小的，而保险服务提供方可控的就是情景下的情绪触发点。由已知求未知，由显性探隐性，这便是场景化数据的魅力所在。场景化的实时数据带来了物理世界的解构，商家可在用户无感的情况下触达用户。在保险产品的风险补偿背后，用户潜意识里需要的还有购买保险产品后的心理慰藉以及适时恰当的风险管理服务。鉴于保险产品的专业性、复杂性和保险消费者对保险不充分的认知，消费者对自身其他隐形需求的认知可能并不明确透彻，此时，由保险服务提供方担任这个需求挖掘者和教育供给者的角色是很合适的。而且，数据的非线性模型带来的信息流的整合与精准判

　　㊀　引自《物联网金融概论》，范永霞主编，中国金融出版社，2018 年出版。

断也能帮助用户在处于特定场景时做出精准的决策。

在用户管理方面，数据化的场景可延长保险消费者的生命周期，拓宽消费者的需求广度。在保险的场景化应用中，客户转化率 = 卖点需求吻合度（显性需求）+ 情感共鸣认可度（隐性需求）。鉴于保险产品对"生老病死"不可避免的描述，所以尽管保险产品是满足显性风险保障需求的必需品，但是仅仅针对显性需求做保险产品的营销是远远不够的，许多保险公司也一直在寻求保险营销方面的破局，挖掘隐性需求，寻求保险消费者对保险产品的情感共鸣不失为一个突破点。但是大部分消费者在日常生活中被动接受保险教育的意愿程度不高，因此，进行"无感"的保险教育，在日常场景的细节中传递保险关怀是数据化的场景可以尝试突破的。保险产品的营销离不开开发新用户、用户促活与用户留存。在开发新客户方面，场景化数据可以将用户的特征值与产品进行匹配，可以帮助险企充分分析市场，找准目标客户，从而达到事半功倍的效果；在客户促活方面，有效的场景化数据可帮助险企与客户进行更多的互动，通过更多的互动过程能够产生更多的保险需求，进而获得更多保费收入；在客户留存方面，通过数据分析可实现对客户的深入了解，以更具说服力的方式吸引客户，能更好地延长客户与险企的关系，将保险消费者的生命周期尽可能拉长。

场景变，人与场景间交互连接的方式也会变。伴随金融场景、生活场景的不断细分与衍生，人与场景间的交互行为会产生新的特征，如何把握这些特征，分析行为背后的保险需求，从而进行保险产品创新，数据是贯穿其中的关键。每个消费者在不同的场景中会表现出不同的行为特征，对多个场景的数据进行沟通对比分析，将赋予保险公司立体、多维度感知用户的能力，数据的融合交流，带给保险服务提供商的不再是单个点的信息，而是立体的感知，从而能对保险消费者进行全场景解析，支持对场景的动态化、持续化解构，从而形成针对不同场景开发不同产品的范式，增强产品的创新性。

10.2 场景跨界与聚合

10.2.1 数字经济背景下场景跨界融合的可能性与必要性

可能性：数字经济背景下金融保险业的变革

数字化经济转型要求金融产业降低经济成本、提升效率，促进供需精准匹配，使现存经济活动费用更低，并激发新业态、新模式，使原本经济条件下不可能发生的经济活动变为可能，推动金融产业向形态更高级、分工更精准、结构更合理、创新空间更广阔的阶段演进。

降低经济成本在保险产业内表现为将数据作为场景生产要素，降低用户管理的成本；在保险产业外则表现为广泛连接，有效解决不同产业间数据不对称、数据费用和数据壁垒的问题。5G 技术和物联网在金融保险领域应用的不断深化加速了金融价值网的形成和产业的融合、分化、重组，新模式与新业态不断涌现，新型企业和产业组织形态不断形成，保险行业的"医养结合"等尝试也反映了个性化定制、精准化服务等保险业新模式。

数据采集与分析的闭环是数字化转型的主线。这些活动本质上都是通过将实体世界数字化，再通过对承载物理世界规律的数据进行分析建模，反馈给物理世界，提升物理世界的运行效率。所以数据是连接物理世界和数字世界的桥梁，是核心生产要素，是数字化转型的主线。数据驱动是新的技术条件下经济活动的新特征，产品数字化体现为产品的智能化升级和服务模式的数字化创新。

场景跨界与聚合的价值部分程度上与融合价值网上的参与主体的数量相关，跨界的场景、产业越多，场景间、产业间的异质性越大，融合价值网的外部性就越大，经济效益就越显著。跨界价值网通过不同主体间的广泛连接，大幅提升产业边际效益，导致跨界价值网的效益随着连接场景的增多而呈现 1 + 1 > 2 的效果。

当前，保险产业融合不断深化，保险服务边界不断模糊，保险跨界与生态构建逐步成为保险业经营发展的大势所趋，为推动保险行业向高质量发展转型注入了强劲动力。然而，保险跨界并非"无界"，可以恣意地合纵连横；保险生态并非说建便可建起来，也并非建起来即在"状态"。保险主体要想在跨界生态战中脱颖而出，关键是要真正从服务客户出发，明确生态角色定位，突出价值创造，聚焦主业和内核，有的放矢，打造不可替代的稀缺能力，在不断提升社会价值中成就自我。

必要性：数字经济背景下保险竞争的策略使然

2018 年，保险行业的数字经济比重已达 56.4%[⊖]，保险业的数字经济一直延续良好发展势头，保险业的竞争发展未来也将与数字经济同步共振，在数字经济强劲发展的今天，保险业如何在此周期中保持与数字经济的同步，借助数字经济的红利打开新的局面，是保险业从业者必须思考的问题。保险从数字经济赋能和其本质属性与社会职能出发，植根于社会，作为一种重要的社会治理手段，其跨界与聚合也具有了更大的可能性。

一是在业务特征方面。保险自身的业务属性决定了其在社会各产业链中的自然延伸，可以自然切入绝大多数社会场景，横贯产业链上下游，跨行业、跨领域特征突出。从健康险业务来看，泰康的养老产业园是健康险与医养产业跨界合作的典范；从家财险业务来看，智慧家居与家财险的结合在国外也为家庭财产安全监控提供了保障。特别是在数字经济和科技赋能的背景下，数据的场景化使得风险的量化更具可操作性，一些不可保风险逐渐转化为可保风险，跨行业承保边界不断延伸，无论是在承保端和风控端，还是在理赔和服务端，都实现了保险跨界的自然延伸，使得更多社

⊖ 数据来源于《中国数字经济发展与就业白皮书》，中国信息通讯研究院 2019 年 4 月发布。

会风险保障需求得到有效满足。

二是在技术实现方面。数据是保险的经营之本，跨领域多维、实时、动态、丰富的用户数据已成为清晰的用户画像的重要基础，对于深刻洞察用户需求与个性化、差异化保险定价和产品设计至关重要。数据是保险业发展的重要基础设施，行业健康发展需要积极构建持续、长效的数据体系，而体系构建离不开跨行业、跨领域、广维度、细颗粒的用户数据的融合与交互。另外，为有效防范保险欺诈和道德风险，特定领域的保险经营也有与相应领域的产业进行有效融合、共建跨界风险模型和规则的诉求。例如财险企业希望与公安部门、企业等进行协作，人身险企业希望与银行、医院等进行协作等。

三是在创新保险服务的社会价值方面。保险以客户价值为诉求，以风险需求为媒介，以服务管理为手段，将保险的基本属性与客户的服务需求属性进行有效结合，实现业务、场景和客户的跨界链接，将保险的"场"有效延伸至相关行业的"痛点"上，开展跨行业深度融合，实现客户服务与体验一体化，有效创造社会价值。

客户需求是保险跨界合作的主要推动力。尽管保险公司与其他领域的跨界合作主要出于对成本与营销的考虑，但不断向前端或后端延伸融合价值网则是出于服务方面的考虑。跨界与聚合的本质在于创新，目的在于通过创新解决新的数字经济环境下保险业发展存在的问题，同时使保险公司的管理服务水平得到质的提升，实现跨界合作的多方共赢。

10.2.2　由金融消费场景跨界看保险跨界融合的价值

回顾金融科技的发展历程，信息网络技术对金融业的展业模式、风险经营、产品设计等各个维度均造成了影响。当前，随着新基建政策的逐步落地，基于5G网络、人工智能、物联网等新兴技术在全国范围内的铺设及应用，社会大众对数字技术应用的接受度也将随之提升，继而对于数字渠道、智能交互等应用场景的依赖度将有所增强。在该发展背景之下，传统保险渠道将以何种形式进行变革，方能更好地符合用户需求的趋势性变迁，并从该趋势中获取新的增长动力，成为近期保险业内关注的热点。

首先，从受新兴技术影响的客户的行为偏好来看，客户将更倾向于选择标准化、模块化的产品，以及期待获得全渠道一体化的客户体验。长期来看，由于精算算法及科技手段的演进，将提升标准化、模块化且易理解的产品方案推出市场的可能性，产品向标准化、简单化的转变正反映了客户的需求。

并且，因这类标准化、模块化且简单明了的产品方案能整合订单信息、让保单数据等信息在任意终端的流传更为高效，更适配于保险渠道向全渠道一体化转型的发展趋势，此外，客户体验也需要全渠道一体化的支撑。

其次，从发展趋势来看，为了更好地应答客户需求，线上与线下业务的双向数据融合是行业未来发展的必然趋势。相较于过去的单一金融产品或服务，消费者对于金融产品的诉求将有所变化，在风险偏好管理、流动性管理及健康财富规划管理等方面的需求均将进一步延伸。金融行业须对消费者的需求进行全盘考虑并提供个性化的综合解决方案，才能打造出具有自身特色的竞争力优势，形成有效的竞争壁垒。而为了该目标的最终达成，积极打通内部运营数据以及广泛链接外部数据将成为保险行业获得可持续竞争力的必要条件，这其中，线下业务的数字化转型、线上与线下业务的数据互融互通就成为达成该战略目标的重要一环。

然而，保险业向全渠道一体化转型并非易事，将面临四个维度的转变带来的挑战：首先，保险机构的运营思维须从"以产品为中心"向"以客户为中心"转变，设计基于客户体验的、与不同阶段相匹配的触达渠道及运营策略，并进一步明确不同渠道的定位。例如：电话渠道和网络渠道是与用户直接交互、快速响应需求最便捷的渠道，并且在新基建视角之下，基于 5G 网络的消息平台、多模态交互等技术均将为传统网电渠道带来新的转变，有望发展成为用户主动咨询产品或服务的重要平台。针对线下渠道，代理人、线下网点则需要考虑加速提升线上化程度，以人机协同、智能辅助等方式让投保、续保、理赔方案、案件调度、催办及救援派工回访等环节均实现智能化，提升服务供给的效能、实时性及灵活性。随着数字社会基础设施的逐步落地，保险机构管理数据量将呈指数级上升，需要保险机构提前针对数据安全管理（涉及用户隐私等）、数据流转、数据治理与分析等环节进行顶层设计，让数据管理及业务系统更适配于业务结构，系统提升保险业务运营的效能并实现综合费用率的降低。值得关注的是，保险机构数据能力的构建不必拘泥于自建技术平台与能力，而是可以通过搭建生态圈/群的模式，以合作与外包等方式整合数字化能力。基于以上数据能力的搭建，保险机构才能不断扩张价值链，加强原有价值定位，使收益更加多样化，建立和加强与消费者的直接联系，实现多方共赢。

其次，保险机构需关注关键渠道从"中介渠道"到"直营渠道"的转变。当前企业大多采用以代理人、线下网点等其他渠道为核心的多渠道策略。但下一个网络时代，多渠道的核心会改变，不再是围绕经理人及网点的多渠道，直销渠道的重要性会越来越高。以寿险为例，BCG 相关调研显示，未来寿险的多渠道将是以围绕代理人的多渠道和完全数字化的直销为主，其背后原因是用户行为更倾向于主动查找产品或服务，并且人机协同的交互能够实时满足用户咨询的需求，从而为保险机构自建自营渠道带来了可能性。虽然现在无法预测具体拐点什么时候会到来，但在类似行业已经可以看到这一趋势，比如寿险和银行的财富管理业务较为相似，主要通过代理人销售高价值的复杂产品，当前银行业的共识是以网点为核心的多渠道将转化为以移动为核心的多渠道。据波士顿调研数据显示，2008 年后，美国减少了 15% 的银行网点，英国减少了 30% 的银行网点，意大利、法国分别减少了 20% 左右的银行网点。而移动端则逐渐成为多渠道的核心，大约 26% 的产品是在移动端销售的，而客户对移动端的重视也在不断提升。随着新基建政策的落地和智能基础设施的进一步普及，在国内，部分客户流量有望向具备智能咨询服务能力的保险公司迁移。因此，保险机构需要积极搭建开放的合作伙伴体系：与智能技术提供商、场景销售平台、互联网经纪平台、企业福利平台等进行频繁合作和相互导流，以完善自身的全渠道服务体系，丰富全渠道的层次与维度。

再次，保险机构应积极关注流量平台的兴起和流量的迁移，并且应积极采取新兴技术进行运营分析，对渠道资源做出更为合理的配置。在 5G 网络时代，智能终端设备的种类及使用率将大幅上升，为寻求线上拓客提供了新的途径。从行业当前实践来看，已有保险机构代理人在多个平台上利用知识分享、行业竞品分析等多类方式进行"圈粉"，并将获得的流量转入私域空间再进一步营销转化。相信在下一个网络时代，该类模式将会延续，保险机构需密切关注新兴流量平台的兴起并做出相应的战略布局。值得注意的是，在线上线下双向融合的大趋势下，保险机构应关注打通各渠道的边界，积极利用大数据分析、人工智能技术对各渠道的投入产出绩效进行归因和预测分析，为管理层在渠道内的投入和渠道间的资源配置提供依据，让营销渠道管理变被动为主动。相关企业需搭建"数据中台"系统支撑相应企业运营的分析与建模，让战略分析及运营分析人员能够实时得到充分的数据依据并做相应安排。保险机构通常有以下指标来衡量工作人员的效率：代理人生产力、客户服务效率、客服人员利用率、代理人流失率、客户维系成功率等。在线上线下融合过程中，更多数字化技能的应用可将此类指标进行数据可视化，从而对线上线下渠道的运营效率进行更加精确的评估，也方便线上线下融合中的激励方案设计。

最后，产品设计与开发需要依据渠道特性做出相应转变。在线上线下的融合过程中，线上线下渠道的区别仍然是存在的，渠道与产品销售的适配性、渠道与用户交互的适配性等，是保险机构需要认真思考的问题，传统的保险产品在某种程度上需要适时做出创新改变以适应渠道变迁的发展趋势。当下，保险市场上存在着产品同质性较强、产品条款复杂、产品风险解决方案个性化不足等问题。在以客户为中心的产品创新中，结合客户对保险产品的期待，保险机构可在产品获取便捷性、价格设计合理性、产品形式标准化、产品的个性定制化等方面进行创新。具体来讲，在产品获取的便捷性上，传统的直营或代理人销售模式由于时间与物理空间的限制，客户可能无法快速接收产品更新的相关信息，而线上渠道则在一定程度上突破了这些限制，能够更好地触达客户，产品上线、报价、内容、卖点都会即时传递给潜在客户；在产品价格设计上，目前80%的个人客户在购买保险产品前会进行网上的查询和比价，而企业客户大部分也通过采购招标来购买保险产品，因此在客户细分的基础上进行合理的、精准的差异化定价也是产品创新的一个方向；最后，客户不再满足于千篇一律的保险产品，更期望依据自身风险承受力及财务约束边界得到定制化的保险产品组合、定制化的服务，以及定制化的风险管理、流动性管理解决方案。以上思考维度将会是近期保险企业创新试点的重要方向。

总体而言，随着新基建政策的逐步落地，数据将成为贯穿线上线下融合发展的关键，保险机构需密切关注此次由技术周期性升级以及政策加速催化所导致的用户行为及市场需求的变化，提前采取积极举措让数据管理理念与业务系统及业务结构更加适配，尽早实现向数字化及智能化的平稳转型。值得业界重点关注的是，在线上线下的融合发展中，数据中台的搭建是关键一环，基于数据中台以及外部数据资源的整合，依据自身业务结构持续进行运营流程的体系优化将是行业中短期发展的重点。但决胜未来市场的关键在于积极探索人机协同运营的场景，因为实现全面智能化的难度依然较大，场景化的智能落地是中短期业务转型更实际的演化方向。而在场景化的智能升级过程中，业务专家的干预是必不可少的，因此人机融合的过程比纯粹的训练过程和生产过程分离的模式更高效且更经济，是保险企业在新基建全面加速推进过程中需要重点关注和布局的领域。

第 11 章

抓紧新基建发展契机，
加速保险业数字化转型

在我国，新基建政策的加速推进为保险业实现线上化、智能化转型升级提供了重要的支撑。当前，一是在科技运用流程上，保险企业将在商业竞争中加速采用人工智能与大数据等智能分析工具，根据先行指标精准进行消费者与保险产品服务的匹配，实现降本增效。二是在营销方式上，保险企业将进一步加快对传统营销渠道的数字化、网络化、智能化改造，更大规模地引入智能营销方式，更加敏捷地满足市场需求的弹性变化。三是在用户管理上，保险企业线上经营速度进一步加快，通过用户线上迁移更加灵活地进行线上线下结构调整，实现全渠道的资源整合以及对用户的线上线下精细化管理。

用户的在线消费习惯正在慢慢形成，这也将推动融媒体用户交互的新趋势。在数字经济环境下，第一，消费者增强了对保险新业态的认知，对于保险新模式、新应用的体验也趋于沉浸式，对保险网络销售及终端应用的偏好和黏性得到增强；第二，融媒体的普及推广带动消费者主动介入保险的线上运营环节，保险产品服务提供者借助融媒体普及保险知识，借助保险电商进行创新营销，利用视频交互增加与用户的接触频率，通过这些环节系统性提高用户渗透率；第三，线上消费与传统线下消费交叉融合，进一步挖掘消费者的潜在需求，能够进一步扩大需求市场，并对传统线下消费产生带动作用，在保险业，具体表现就是提供个性化、差异化和高质量的服务将成为重要的竞争策略。

另外值得关注的是，数字化转型虽然对企业非常重要，但也需要公司重构商业模式及管理模式进行组织适配。未来公司如何有效激励并管理传统代理人使用智能技术，如何在使用智能技术的同时提升用户体验等也许将成为行业中长期核心竞争力形成的关键，保中风控能力的增强也将有力促进保险业与其他业态的融合，丰富产品内涵，扩大企业的竞争优势。

而且，保中风险管控能力的提升以及基于场景的风控体系的优化均需要5G技术的支撑，本篇章将以案例分析的形式详细阐述5G技术的价值以及保险的未来发展趋势。物联网、智慧家居、智能可穿戴设备、健康管理平台、视频理赔、人机交互、智能语音助理、实时风控等都在5G环境下拥有了更广阔的应用空间。在前面的篇章中，我们已经了解到了5G技术"高速率、低时延、大带宽"的技术特性，与这些技术特性相适应，保险在应用于新的场景时，也会为保险的经营管理者带来新的经营体验，这其中尤其以财产保险在风险管控上的突破表现最为明显，具体体现为保中过程风险管理的增强和基于场景的风险管控。

从保中过程风险管理能力的增强来看，应用于信用保证保险、家庭财产保险的物联网智能设备已有应用，具体来看，物联网在5G技术的支持下对数据的实时处理能力实现了相当大程度的提升，监控特定风险数据是保险公司管理风险暴露的关键，5G的低时延使得保险公司具备了掌握数据实时动态变化的能力，很大程度上降低了保险公司在经营管理中由于标的信息不对称而导致的被动性；在家庭财产保险中，智慧家居的应用实现了保险经营管理者对特定家庭区域内传感器数据的统一管理，为保险公司的实时风险预警、及时风险核查提供了完整的智能终端网，保险保障服务也由事后风险补偿转为事前、事中风险管控，风控环节的前置及全流程化也得到了更为完整的体现。

从基于场景的风险管控来看，场景的碎片化和细分化也使得风险控制更加精细化与具体化。以智能可穿戴设备支持下的健康管理场景为例，相关的国际经验已较为成熟，由于被保险人对自身健康状况的关注，被保险人对于健康实时管理的接受度是很高的，保险公司也能在此基础上进行对用户实施主动健康管理；而且，保险公司将健康管理场景与其他生活场景融合也为数据的完整性、多样性提供了支撑，便于保险公司从多个角度切入，明晰消费者的风险需求，为保险消费者提供健康管理与风险监测服务。

11.1 渠道端数字化转型新模式

渠道端是保险业数字化转型路径中的首要抓手，渠道端的数字化转型也将有力地促进保险营销的线上线下融合与全渠道营销的资源整合。

不可否认的是，传统的保险营销之所以主要采用线下渠道，与保险产品的自然属性有很大的相关性。保险产品的专业性与复杂性天然使得保险产品提供者与消费者之间难以轻易建立信任关系，所以，传统路径下，保险公司采用代理人方式展业销售更易为消费者所接受。但是伴随直播平台保险工作室线上销售保险及社交软件上保险社群的火爆运营，有了为支持代理人线上展业而开发应用的 App，线上的保险展业、代理人增员以及代理人培训正在逐步流行起来，线上工具赋能代理人渠道的大势已经基本形成。

不仅代理人渠道，在网电销售渠道，一些保险企业也开始实行网电结合并以人机协同的方式运营客服/电销服务。以上流程的优化能够协助人工解决营销阶段工作效率低、成单率低等问题，同时通过不同方式进行客户意向筛选，将人工集中在针对高意向度客户的服务中去。就实践数据来看，以车险续保业务为例，整体人均成单率有望提升 5 倍、呼出效率提升约 10 倍、运营成本下降约 75%。虽然该项应用对当前整体市场的渗透率仍偏低，却是未来值得业界重点关注的应用方向。

线上营销从保险产品的本质出发，同时基于互联网属性，突破了物理及时间维度的界限，与用户建立积极互动，促使客户的培育与积累向线上迁移。互联网时代，消费者对于线上营销的接受度正在大幅提高，线上营销同时也有助于保险公司完成客户由线下到线上的迁移，在保单运营电子化的同时，客户向线上迁移将成为大趋势，客户信息的线上化也便于对保险客户集中统一管理。未来，随着客户对线上购买保险的认可度进一步提升，保险公司将持续加大线上投入布局，并且通过线上线下全渠道营销资源的整合，构建更加高效、便捷的线上服务体系，为客户带来更加友好的保险购买体验，进一步释放保险的线上销售潜力。

线上展业要求线上运营的同步优化，这也为营销渠道的线上线下融合提供了支持。保险作业流程的线上化，使得保险业务的可持续开展成为可能。除了传统销售端的线上化，云计算、大数据和人工智能的应用也使得包括投保、核保、查勘定损以及理赔服务等工作都实现了线上化。但线上运营远非简单的业务流程线上化，而是针对业务流程在线运营的特点进行优化，甚至涉及对既有工作流程的再造和重构。这样一方面可以帮助保险公司针对线上营销的特点，为客户带来更多线上渠道的保险产品，满足用户线上购买保险产品的需求；另一方面也使保险公司得以承载更多的保险服务，扩展保险价值链，为客户带来更好的体验。线上运营的优化也促进了线上线下交叉融合的进程与契合度，使得客户在线下能直接接触代理人，对保险产品产生直观感受，同时在线上能不受时间、空间限制体验保险核保、理赔的相关服务。从具体的创新转型来看，以下渠道分别都有明确的效率提升：

11.1.1 代理人渠道

保险代理人渠道所贡献的保费收入一直高于其他渠道，且一般以线下展业的形式为主，在渠道数字化转型的变革中，代理人渠道已有诸多尝试。例如：在个险渠道，线下代理人展业可依托智能咨询、智能辅助等一系列新兴技术提升人均产出。近期，平安人寿持续推进线上化经营，代理人招聘、早会、创说会、产说会、培训等各项经营动作均转到线上开展。同时，随着科技赋能保险，在代理人增员、培训、展业、营销等业务场景，大数据、人工智能等技术已得到广泛及有效运用，不断地帮助代理人成为专业周到的金融保险产品顾问。

增员：人工智能增员，高效高质

传统增员存在海量筛选难、标准面谈难、面谈效率低等问题。传统增员需要从众多简历中进行挑选、敲定时间面试，最终选出合适的代理人，增员效率低。同时，增员不仅要增量，还要增质，努力提高增员质量，提升上岗后的留存率，既是对客户负责，也有利于自身团队的发展。

将人工智能技术应用到增员过程中，可对拟增员工进行精准甄选，从中寻找优质的准增员工，不仅可以节省人力成本，无须人力筛选简历、面试，使用全程线上机器人面谈还可以提高增员的质量，全方位收集个人信息，为准增员工敲定最佳发展路径，使其获得快速提升。

▶ 案例1　人工智能甄选面谈：甄选优质代理人

2018 年，人工智能甄选面谈在平安人寿全面上线。人工智能甄选主要通过设计甄选流程，根据代理人特征在线收集信息，建模甄选。人工智能面谈官的主要功能为实时在线，分人群智能面谈，实现信息收集和意愿确认，协助业务实现代理人精准筛选、财务资源的有效投放及最佳发展路径的预设。

人工智能面谈机器人是行业内第一种大规模运用的面试机器人，集成人工智能前沿技术，支持 7 * 24 小时在线面谈，打破时空限制；在准增员工招募环节，可以筛选优质准增员工，提高准增员工的留存率和人均产能。

截至 2019 年 12 月末，人工智能面试覆盖率达 100%，累计面试超 600 万人次，减少人工面试时长超 68 万小时。

培训：因材施教，个性化培训

传统代理人培训采取集训的方式，存在个性化辅导困难的问题。代理人的背景不同，知识阅历不同，对于保险的认知也不同，采用集训的方式，难以因材施教、实现个性化培训。基础知识薄弱的代理人难以跟上培训的步伐，而基础知识扎实的代理人又会认为再次学习保险基础知识浪费时间。

为代理人定制个性化的培训方案，既能提高培训质量，又能提升培训效率。个性化培训方案将绩优人员的技能引入培训方案中，可以有效提高培训的质量，培养出更多绩优人群；同时，自动进行针对性课程配置，可以补足短板，也可以节约时间，从而充分提升培训效率。

目前，众安科技推出了"众慧树"，提供在线学习、有问必答、人机对练以及海量资料库四大功能。许多其他保险公司也推出了线上培训课程，方便代理人学习，例如，泰康旗下的"泰行道"推出以直播学习互动为主的培训模式，人保集团下的"人保 e 通"为代理人提供丰富的教育资源。

▶ **案例2　众慧树：人工智能培训助手**

众安科技于 2020 年全面上线人工智能培训助手"众慧树"，结合人工智能技术，打造个性化、游戏化、任务化的学习和人机对练体验，以微信小程序的形式提供轻触式的 SaaS 工具，满足销售人员随时随地和多快好省的培训需求。

"人机对话"是众慧树的核心能力之一。这项产品整合了在线推广的话术需求，模拟不同环境下需要掌握的销售技巧，让平时靠"跑动"取胜的代理人能顺利掌握话术技巧。在管理方面，管理者还能通过众慧树进行学习进度的监督与反馈，有助于团队整体的进步，做好"补短板"的工作。此外，还具有在线学习、有问必答、资料库等丰富功能。

展业：专属助理，高效助攻

传统展业过程暴露出效率低、效果差等诸多问题。客户信息难集中，拜访客户需要携带各种保单计划，业绩考核定期公示，难以有效调动代理人的积极性。针对以上弊端，无纸化投保应运而生。2010 年，平安首推"E 行销"网站，并于 2013 年 12 月上线移动智能终端。随后，中国人寿推出"国寿 e 店"App、太平推出"立保通"电子投保系统、太平洋保险推出"神行太保"移动终端设备，纷纷开启无纸化投保，为代理人带来便利，提高展业效率。

然而，保险销售与其他产品的销售不同，其专业性更强。销售过程中，如何学习新产品的保单条款、销售话术，如何在拜访过程中做好充分准备、取得客户的信赖等问题一直以来困扰着代理人。

专属助理可以解决销售过程中的大多数问题，成为代理人销售的"神助攻"。通过提供既快又准的问题解答、充分的拜访准备、最新的销售话术以及定制化的目标规划，可帮助代理人轻松工作。目前，业内头部几家大型保险集团在 2020 年先后上线智能助理，其底层技术基于文本、语音识别及合成技术等，就当前技术发展阶段而言，智能助理的整体效能因各家自然语音处理引擎的不同而有所差异，业务效果也参差不齐。但在 5G 网络时代，该模式有望为代理人解答疑惑、制定工作计划，成为帮助代理人提高展业效率的重要支撑。

▶ 案例3　AskBob：代理人专属智能助理

为解答代理人的咨询以及服务过程中客户提出的问题，帮助代理人提高效率，平安人寿于2019年全面上线智能助理AskBob。AskBob实现了智能任务配置和在线销售协助，具有智慧问答、任务管理、智能陪练、语音指令四大功能，为每一位代理人配备多种销售赋能工具，高效便捷地为代理人解答疑问、模拟销售场景训练、提供销售指引、帮助代理人提高销售转化率。

AskBob可7＊24小时在线，是代理人及时、全面的专属智能助理。目前，AskBob产品已经在平安寿险全面推广，截至2019年12月末，AskBob累计服务3.4亿人次，2019年日均访问量达92万人次，对代理人咨询的疑问解答准确率高达95％，其任务查询和智能办理功能覆盖代理人90％的常用需求。

营销：高频互动，精准营销

传统保险营销是基于人际网络的粗放式营销推广，在当前的市场环境中，营销人均效能及运营成本等依然有优化空间。此外，纸质彩页信息量小，并且属于单向信息传递，很难获得消费者认同。特别在陌生拜访的场景中，与客户之间的信任仍有待构建，沟通交流困难等问题在一定程度上制约了代理人的营销能力。

线上营销则打破传统营销模式，借助线上化操作工具，可以更为科学且流程化地对各类客群进行综合管理，实现高效获客与转化，并且突破物理限制线上出单。具体来看，保险机构可借助各类媒介（如微信、抖音等）轻松转发保险知识及各类产品内容宣讲，客户从中获取信息、了解产品，解决了纸质彩页信息量不足的问题，还突破了服务消费者的时间及空间界限，信息传递及交互更加便捷，消费者与保险服务提供商之间的信息透明度也可提高。同时，使用手机即可预约并实现线上即刻出单，不需要多次上门反复核对，真正实现了线上营销，为代理人提供了很大的便利。然而，就当前发展阶段而言，线上营销容易，精准服务依然较难。将各种资讯、保险信息等发送到朋友圈、微信群进行扩散，表面上营销到位，但与客户的深度连接尚未建立，基于此构建信任关系更是较难，实际营销效果也需待持续量化跟踪分析后方可得知。

社交化运营也将进一步激活线上渠道的潜在价值，相应的辅助营销手段将帮助代理人有效提高营销的精准性，与客户高频互动，增加销售转化的概率与用户二次购买的可能性。通过应用大数据分析和机器学习技术，对客户特征进行识别，并进行社群分类，可在社群运营中通过问询、调查、圆桌论坛、公益讲座等活动传播品牌温度，并了解用户的风险需求点，进而通过特定算法实现保险产品的智能推荐，助力保险公司代理人更有效率且精准地服务客户，推进传统的线下营销向嵌入式、互动式、社交化及场景化营销转变，提升销售成功率、降低退保率。

11.1.2 银行保险渠道

银行保险渠道（简称银保渠道）发展迅速，是保险营销渠道体系重要的一部分。银保渠道在20世纪90年代中期传入中国，在2003年监管机构允许一家银行同多家保险司合作之后迅速成长为国内最重要的保险销售渠道之一，保费收入突飞猛进，并于2008年首次超过代理人营销渠道。可以说，银保渠道在很大程度上推动了一大批中小型险企快速崛起，通过在银行销售理财型的万能险，借助"资产驱动负债模式"，是险企成立初期短时间内快速做大规模、抢占市场的不二选择。

当前，银行保险业务同样需要适应全社会数字化、智能化的发展趋势，实现科技赋能式的发展，银行在经营保险代理业务的同时也提出构建智能保险体系，打造银保业务新生态。

银保渠道的线上化转型可以说是一个"顺其自然"的过程，这与银保渠道的自身特质相关。在以非直接融资为主的金融体系内，银行占据主导地位，银行业的金融科技化相对于保险业开始得要早一些，并且银行业的业务性质也为银行零售理财等业务的线上运营带来了天然的便利条件，其背后的缘由与客户对银行业的信任度更高、银行零售业务发展时间更早、银行的风控体系相对更为成熟有关。同时，在银保渠道中，银行代理的主要是理财型的保险产品，此类产品条款较为简单，保障程度相对较低，因此对于客户来说线下购买与线上购买的差异程度并不高，对此类产品推广线上化也较为容易。同时，由于银保渠道的保费收入较为稳定，是保险公司几个营销渠道内较为稳定的流动性来源，且银行渠道已经对客户进行了风险评估，客户质量较为优质，在此渠道进行相关保险产品的销售或运营的数字化转型的风险也会相对较低。

考虑到数字环境时，开放银行扮演了先行尝试的角色，据预测，开放银行将推动客户资金管理方式的根本变革。开放银行要求银行根据法律向第三方开放客户数据，并让第三方代表客户进行交易。除了拥有客户的特定授权外，任何想要访问银行数据的业务都必须获得金融行为管理局作为账户信息服务提供商的授权。为了保证银行银保业务数字化转型的顺利进展，该模式采用无缝的全渠道客户流程，并建立起一个广泛的客户数据集，允许银行和保险公司联合实施客户分析和高级分析，以实现产品的定制化和个性化。这满足了当今数字环境下客户对简单、灵活和易用的要求，也是在以集成程度更高的方式销售保险，为客户提供他们期望的服务。

银行和保险公司需要建立更有效的合作伙伴关系，以便在数字时代应对竞争。通过基于对客户的深刻理解提供量身定制的产品和服务，可以进一步发展与客户的关系。银行和保险公司通过合作，创建集成、开放的标准数字平台，可实现无缝的客户推荐和更顺畅的数据收集和分析。API 应用程序和购买过程以快速、简单、有效的方式使用数据，以填充表单，简化和加快客户流程，保证客户不需要多次提供相同的个人信息才能完成保险交易。不仅如此，集成的开放标准数字平台也将有助于验证信息，并使用更广泛的数据来源检查索赔历史记录，以便实时和准确地评估风险。

11.1.3　网电销售渠道

网电销售结合是当前保险行业的普遍操作。从各大上市保险企业的年度披露来看，各保险公司多数将电销、网销渠道的保费收入放到一起计算，究其原因是：一方面，电话投保与网上投保在投保流程上差别不是很大，并且两者都要求消费者在保险单出具之前进行网上支付或者通过银行划账；另一方面，电、网销都由保险公司总部统一管理，无需下放。

受市场需求驱动，科技赋能的智能电销和人机协同的服务模式成为业内在短时间提升保险服务能力的新思路。具体来看，该类运营模式可在新契约回访、智能调度、查看回访、理赔结案回访、续保统计、生日节日祝福、满意度回访等环节有效地节省人力，凭借其 24 小时在线、服务水平稳定和持续学习等优点，除提升效率之外，也能对客服体系进行重构，从更广泛的服务样本中反馈数据，发现问题，优化产品与流程。

电销和网销渠道都存在各自的缺陷，但双方的优势又能在网电结合中很好地得到互补。具体而言，电销模式具有受时间和空间限制、接触客户群体有限以及产品信息介绍宣传不充分等几个较为突出的缺陷。而网销能在一定程度上对其进行改善。网销快捷方便，不受时间与空间的限制，能挖掘与吸引更多的潜在客户，不局限于电销人员的名单；网销还能为消费者提供更为全面的信息，维护消费者对保险产品及条款的知情权，避免了个别代理人在销售时夸大保险责任而导致的理赔纠纷。

但网销过程中也存在销售及披露信息易被忽视，无人为消费者解读保险条款等问题，而电销能对此有所弥补，同时还可提高投保的信任度，维护消费者的权益。针对核保问题，电销人员在销售中与客户进行语言交流，使得保险公司能更深入地了解客户的具体需求与详细风险状况；此外，从消费者权益维护的角度来看，电话投保过程中的电话录音及网销投保过程中可回溯的记录均能为消费者提供维权凭证。

11.2　保险产品体系优化新方向

整体而言，产品的精准匹配不仅能解决消费者的需求"痛点"，也能深度挖掘消费者的价值。保险业面临消费者消费黏性较低的问题，一方面是因为对保险消费者的风险需求点的不明晰，另一方面是因为保险消费者在进行了一次保险消费后并未获得足够的基于产品的配套服务，这会导致消费的体验不完美，也就降低了二次保险消费的欲望。基于此，保险产品要做厚价值，不仅做产品，还要做精准的产品；不仅要有保险内涵，还要延伸出配套的增值服务，以此吸引消费者，增加保险产品的独特性并与保险企业的生态圈建设步伐相一致，延伸保险的价值链条。

在下一个网络时代，保险产品的创新将因数据科学在精算领域的应用而有所进步。在第五代精算概念提出后，精算与数据科学技术的结合使得产品创新有了更多的可能性。场景化保险产品的涌现体现了可保风险边界的拓展，也反映了保险产品精准匹配过程中精算技术与用户需求的契合。与此同步的是，不同场景下的用户需求需要更深入的洞察，尤其是用户对于产品设计、创新本身的参与也将成为保险机构创新的突破点，或将为下一个网络时代产品转型的发力重点。这其中，产品的精准匹配基于产品开发者对用户的调研与精确定位，基于产品提供商将前者与产品特质很好地匹配起来。

具体而言，在 5G 时代，保险机构将在市场洞察、服务配套、智能运营及智能产品咨询等各个环节致力于综合适配与体系升级，进而拓展更为广阔的市场。近期，在业内已有一些创新示范，以金融科技云平台"众安信保"为例，其推出了"中小企业服务一体化平台"，具备智能规划、智能服务、智能产品和智能运营四大能力，连接银企两端，构建服务企业的整体智慧生态。

智能规划指连接政府与中小企业的融资需求，该平台的规划能力可理解为"商业智能分析"的升级版。此前，规划是基于一定规则的结构化数据分析，规则的制定需要经验人士持续的推导与验证，而今"智能规划"基于算法的洞察分析，分析过程即算法学习的过程，过程管控对人的依赖度有所降低，市场需求预判的精准度及效能有所提升。行业某头部平台推出的智能搜索推荐引擎能广泛收集各地政府的扶持政策，再借助专业人工智能技术来分析各地的做法，以得出最佳实践建议，并以此锁定了平台服务的市场范围。一方面可以给政府更加精准的政策建议，另一方面让企业能快速找到最适合自己的政策，成为中小企业对接政府政策的"智能助理"，让企业能够远程申请扶持政策，并通过智能搜索引擎的 H5 页面或小程序等媒介，完成相应申请流程。

智能服务指的是服务企业消费者，通过智能外呼机器人自动联系企业，为其办理贷款业务，还集成了多个远程办公工具，90% 的工作都可通过平台在线上完成。在智能产品方面，当前已经能够实现产品与用户的精准适配，平台可协助中小企业智能匹配金融产品（不限于自研产品）并直通放款。在智能运营方面，为提升金融机构的效率，降低其风险，平台采用贷前智能化进件、贷中数据一键采集智能审批、贷后智能管理风控预筛的方式，助力金融机构简化 60% 流程，减少 80% 的欺诈风险。

值得关注的是，为确保公司经营效果，需构建强大的技术中台进行相应支撑，以大中台与小前台的方式稳健支撑前端运营的快速迭代。以平安为例，通过多项国际领先的人工智能技术和丰富的金融数据库，形成了覆盖多样化金融场景的开放架构智能科技核心中台。同时，平台设置了标准化模块，即插即用，将上线总周期控制在一个月之内。

基于以上预判，可以看出新一代网络及数字技术对保险运营的升级是覆盖全流程的，这将是一个体系化的提升。但是技术潜在价值的最大化仍需业界持续探索，特别需要在运营理念上实现新的突破，以新思想、新理论指引技术进一步释放出潜在的经济价值。在下一个网络时代，如何加深险企与消费者之间的有效互动，增加消费者的参与感以及消费者对保险企业的信任度，如何将保险业务深度嵌入消费者的生活场景中，进行场景化产品开发，甚至让险企扮演消费者的健康管理者或者客户的终身伙伴，将是值得大家共同探讨并重点研究的问题。在行业实践中，应重点关注可穿戴设备、智能家居及智能出行等为保险机构开发场景化保险服务所带来的机会，目前，在海外市场上已出现了一些较为成熟的案例。

11.2.1　场景化保险案例

Aviva [⊖]

HomeServe Labs 是一家智能家居技术开发商，致力于设计使消费者生活得更轻松的产品和服务。HomeServe Labs 诞生于 HomeServe，HomeServe 是英国领先的家庭援助提供商之一，20 多年来一直为英国 200 多万客户提供维护和维修服务。HomeServe Labs 推出的第一款产品 LeakBot 会使用智能技术检测家中的漏水，且无需专业安装。LeakBot 在出现大问题之前向消费者发出小泄漏警报，目的是帮助消费者保护房屋免受漏水危害。

LeakBot 设备只需夹在旋塞附近的管道上便可轻松安装，对自来水供应进行全天候监控，并通过智能手机提醒客户注意滴水龙头、管道上的泄漏及

<hr>

⊖　资料来源：Aviva 官方网站。https://www.aviva.co.uk/.

水龙头运行等情况（图11－1）。Aviva 已经对少量设备进行了测试，保险公司会向选定的 Aviva 客户提供 LeakBot。

LeakBot的功能

家庭监控
LeakBot 会全天候监控
您的家中是否有隐藏的
管道泄露和爆裂风险

泄露预警
如果出现问题，会立刻向
您的手机发送即时警报

提供解决方案
一旦发现漏水，将安排
一名专业工人进行维修

图 11－1　LeakBot 设备功能简介
资料来源：LeakBot 设备官网

Notion[⊖]

Notion 是一家为保险公司提供完整物联网家庭感知系统的公司。目前 Notion 已将 Google Nest 集成到其物联网智能家居传感器中。该集成配备了该公司的家用监控传感器，可以检测从运动、温度变化到漏水的所有情况。通过与 Google Nest 合作，Notion 用户可以更全面地了解其"家庭健康状况"，并能够对与温度相关的警报采取措施（图11－2）。集成将允许房主控制他们的 Nest 恒温器，设置并查看 Nest 的温度读数。它还可以通过 Notion 的能量浪费检测来节省能源，例如在空调开启时检测是否有窗户未关。

Notion 提供的低成本且易于安装的家庭监控套件将多种功能集成到一个设备中，为房主提供了很强的灵活性，可以监控和接收整个房屋内发生的事件。保险公司通过与之合作建立智能物联网解决方案，可以显著减少财产损失。

⊖　资料来源：Notion 官方网站。https://getnotion.com/.

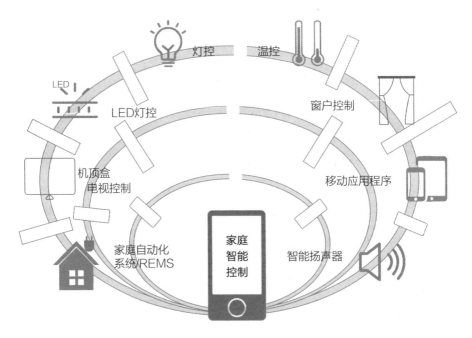

图 11 - 2　Notion 的传感器控制界面

资料来源：Notion 官网

　　借助智能家居设备，我们可将被动进行风险补偿转化为主动进行风险管理，从保险标的着手，为消费者从源头解决风险隐患，降低保险事故发生的可能性，提高风险识别度和精准定价的水平。同时，问题出现率的降低也能提升保险公司的业务经营水平，优化风险管理结果，通过原因探测提高理赔精确度。更值得注意的是，保险公司与"智能家居"的合作赋予保险公司成为"日常风险管理者"的可能性，这让保险更好地体现出风险管理的本质，将风险管理前置，融入消费者的生活，进一步提升消费者对保险的认知度，为消费者的生活带来"科技感"的同时也增强了保险服务的趣味性、互动性。

　　智能家居配套的 App 是保险公司与智能家居提供方的合作平台，保险公司从此平台获取标的风险情况数据，从而进行准确的风险预估和事故评价，智能家居提供方借此平台在提供硬件服务的基础上拓展服务范围，提供风险补偿服务，这种新型的保险合作方式可以使保险公司与智能家居提供方共享数据，不失为一种共赢合作的方式。

保险公司与智能家居提供方的合作形式目前以保险公司为使用智能设备的客户提供折扣为主。另有通过智能家居提供方销售房屋保险产品，以及对客户进行市场教育并共享数据。接下来，保险公司将更好地与智能家居提供方合作引流数据，使用传感器数据进行核保，精准定价并预防损失。最终，保险公司将为客户提供定制化的保险产品和服务，与智能家居提供方合作打造智慧家居解决方案。

11.3　融媒体用户交互的新趋势

保证运营的高效、便捷及降低成本是保险企业一直在追求的目标，与此同时，运营的创意性和个性化在保险产品同质化竞争的过程中更显重要，运营不仅要为公司带来利润，更要为客户带来真实价值。此外，运营的数字化转型是保险公司能够全天候响应客户各类需求的关键。以客户为中心的运营体系，通过保险科技的赋能，为客户提供了便捷的自助业务办理平台。通过应用智能客服、自助服务，客户得以获得参与感更强、体验更优的服务。在大数据、人工智能的支持下，大量核保、核赔工作得以在较短的时间内由系统自动完成，无须人工干预，给客户带来顺畅体验的同时，也节约了人力成本。

在 5G 时代，因新一代网络技术低时延、高速率及广覆盖的特征，高清视频用户交互将成为保险经营数字化转型的典型应用。高清视频交互一般指利用各种技术手段，通过视频的形式实现与客户之间的交流互动。目前，在保险行业，从前期的宣传、销售到后期的回访、理赔，都有视频交互的应用。其中，短视频平台以普及保险知识为主，促成保险交易为辅；

保险电商直播受监管、产品的双重影响，依然处于试水阶段；视频回访目前只有平安涉猎，其他保险公司以语音及文本回访为主；在理赔环节，车险视频理赔服务已发展成行业标配，多家保险公司已启用该服务。未来，在5G网络的支撑之下，视频交互在保险行业的应用将会越来越多。

11.3.1 短视频平台：普及保险知识，推动保险交易

经过近十年的孕育及发展，短视频行业已进入成熟期后半程。2019年短视频应用用户规模达8.06亿人，与2018年的5.01亿人相比，同比增长60.88%。2019年数据显示，活跃用户规模方面，第4季度迎来"刘易斯拐点"，活跃用户规模连续三个月环比下降；日均启动方面，12月用户日均启动短视频App达26.1亿次，同比增长14.1%，但相比6月，日均启动次数下降1亿次；日均观看时长方面，用户短视频观看时长趋于稳定，日均观看总时长稳定在3亿小时左右；用户结构方面，三线及以下城市用户占比近七成，短视频市场下沉明显。

短视频行业从2019年开始试图拥抱中小企业，做大企业生态，例如抖音企业号升级和快手的产业带战略。抖音于2020年2月10日推出"线上不打烊"活动，面向全国线下商家推出3亿流量扶持，通过线上团购预售和线上直播分享商品两大方式，帮助商家开辟线上推广渠道；快手于2020年2月12日发起"暖春计划"，让品牌方零门槛入驻快手小店，保证金和企业认证服务将全额免费，开放高额度技术服务费减免。

在保险行业，短视频平台主播高举普及保险知识的大旗，实则努力推销保险产品。在以抖音、快手、西瓜等为代表的短视频平台，主播们主要的宣传内容一般为保险知识科普、产品测评、家庭风险解读及保障方案定制等。用户想投保其推荐的产品，往往有两种途径：一是通过添加微信或拨打电话的方式咨询保险产品、沟通保障方案，促成保险产品线下交易；二是通过视频下方的"链接"跳转至专业的保险销售平台购买页面。

短视频与保险营销之间存在契合点，但是内容产出良莠不齐。保险教育与产品宣传应体系化，让保险产品的传播渠道可以简化成代理人的口口相传，而短视频直观便捷，也有一定感染力，可以加速保险产品的传播。2021年以来，保险代理人展业活动受限，加速了"短视频＋保险"新兴模式的发展。一方面，受时长限制，部分博主用"博眼球"的标题吸引用户，譬如以"明明……保险为什么不赔""带你看清保险套路不踩坑"等标题引流，相应专业性有待优化；另一方面，据业内调研了解，短视频平台通过"短、平、快"的节奏销售的产品以短期险种为主，用户转化率高，但续保率较低，客户对于保险产品内涵的理解并不深刻，因此缺少续保动力。

11.3.2　电商直播：受监管产品影响，依然处于试水阶段

2019年直播电商爆发，进入电商直播元年。2016年，淘宝直播和蘑菇街直播先后开启；之后两年，电商直播皆处于蓄力阶段，期间亦有平台增加电商直播功能，保险业界也先后开始广泛尝试；2019年，电商直播开始大爆发，抖音、快手等内容平台和小红书、拼多多等电商平台纷纷大力发展电商直播。

淘宝直播在众多平台中脱颖而出。成交额方面，2019年突破2000亿元，连续三年增速超过150%，渗透率接近上一年同期的两倍；用户方面，全年淘宝直播用户数量达到4亿，日均观看用户数同比大幅增长超150%，观看总时长超过1小时的用户同比增长达到40%；行业方面，已经覆盖全部实体行业，各行各业都在将直播作为商业的核心动能。

进入2020年，淘宝直播新经济的优势凸显。实体店铺纷纷从线下转战线上，高达100种线下职业在淘宝直播开启"云工作"，2020年2月份新开播商家环比增幅达719%。同期，用户网购消费增加，2020年2月份在淘宝直播"上云生活"的用户增幅达153%，成交金额同比翻倍，平均每周订单量环比增长超过20%。

在保险行业，淘宝直播目前仍处于试水阶段。保险直播发展缓慢主要有两方面的原因：一是在监管层面，未取得保险代理业务许可证、保险经纪业务许可证者不得从事保险代理或经纪业务，同时保险产品价格调整范围若突破费率表则需重新备案并提前审查；二是在保险产品层面，保险专业性强，条款复杂，需要对保险产品有全面掌握才可应对直播中的各种问题，且保险产品数量有限，更新迭代慢，如果直播中保险产品没有太多变化，高频率的直播并不会给用户带来新鲜感，用户体验也会随之受到影响。

中国平安开启保险直播先河，其后业内有泰康在线、国华人寿等多家公司在做尝试。

❯ 案例　中国平安：各类活动造势，直播互动新兴模式

中国平安抓住淘宝购物狂欢机会，以消费型保险产品为主，分别在"618"和"双11"举行两场淘宝直播。在2019年6月17日以"原来保险还能这么卖"为主题首次开启淘宝直播，该场直播推出12种保险产品，主打成人综合意外险、全球旅行险和少儿意外健康险三种产品，最低享受7折优惠。同时，更有多重直播好礼，包括口红、清空购物车、三甲医院专家视频问诊、千元现金红包等福利。全程直播近2个小时，观看量达44386人次，获得35.32万个点赞。"双11"期间举行系列直播，共直播5场，此系列直播与首次直播相比，除产品数量增加外，还加大了对产品的介绍，增加了与用户的互动，为用户解答疑惑、推荐产品。

11.3.3　视频回访：被动变主动，让客户零等待

依据银保监会相关规定，各家保险公司需要建立保单回访制度，对售出保单进行100%回访。保单回访方式主要包括两种，一是以电话回访为主的传统回访，二是微信、视频形式的回访。

电子化回访将被动回访转为主动回访，客户体验有所改善。传统的电话回访由公司主动联系客户实现，在时间安排上可能给客户带来困扰。对于保险公司而言，传统的电话回访一方面无法鉴定回访对象是否为客户本人，另一方面，倘若回访成功率过低，则将不满足银保监会的相关规定。而电子化回访方式解决了以上问题，新单客户在签收回执后，可以自行安排回访，无须等待。中国人寿的电子化回访仅需人脸识别验证身份、在线填写问卷即可完成，平安 AI 视频回访试点期间最少仅需 3 分钟。电子化回访为用户带来了显而易见的方便与快捷。

视频回访相比较微信回访更有助于加深客户对于保险权益的理解。在视频回访过程中，视频机器人全程与客户互动，同时，可深度理解对话内容，解决特定场景下客户的疑问，客户若有不清楚的内容，可实时调阅投保材料、保单条款等，相比较之下，微信回访的答题模式生硬，套路明显，客户对保单权益的理解难以深入。

电子化回访受监管影响一直以试点为主，直到 2020 年 2 月 7 日才正式在全国范围内推广，其与电话回访具有同等效力。中国人寿、太平洋保险、新华保险等保险公司过去试点的微信回访服务得到了正式推广；平安于 2019 年打造的 AI 视频回访服务正在逐步扩大其业务范围和覆盖范围。

◉ 案例　中国平安 AI 视频回访：改善客户体验，提高回访效率

中国平安智慧客服于 2019 年再度升级，在业内首推具备大规模应用能力的多模态合成视频机器人，重磅打造 AI 视频回访服务，引领人机交互业务体验创新。

AI 视频回访应用于平安"金管家"App，替代原电话回访。通过计算机视觉、人机交互和深度学习技术应用，AI 视频回访可实现逼真的语音播报、表情生成和智能对话，打造拟真视频形象交互、7×24 小时在线自助、保单信息即时调阅三大亮点功能，为客户带来更便捷、安心的服务体验。

目前，AI 视频回访已在新契约回访场景落地，服务接通率升至 99%，回访周期由 5 天降至 2.8 分钟，显著提升了回访效率、降低了业务风险。

11.3.4　车险理赔：视频理赔服务，提升效率

传统车险理赔中，结案周期长、投诉率高、客户满意度不高的现象一直存在，"购车险易，理赔难"一直被社会所诟病。传统车险理赔流程包括客户出险报案、调度、查勘、定损、修车、核价、核损、核赔和支付赔款九个步骤，结案周期长。以北京为例，结案周期方面，2019 年北京地区车险平均结案周期 10.6 天，2015 至 2019 年 5 年间平均结案周期呈逐年下降趋势，但依然在 10 天以上；投诉率方面，2019 年平均投诉率 0.25‰，同比下降 7.41%，但 2015 至 2019 年 5 年间投诉率呈波动上涨趋势，客户满意度波动下降。

究其原因，主要有两方面。一方面，理赔力量与理赔需求不匹配，部分车险公司只注重前端手续费和广告宣传的投入，理赔风险管理手段落后，导致保险条款越写越多，理赔手续越来越烦琐，审查越来越严格，而车险理赔队伍建设滞后，查勘定损人员进入门槛低、收入待遇低，缺乏专业化培训，造成流动性过大，最终导致难以满足客户理赔需求。另一方面，车险行业没有统一的理赔、定价标准，少数车险定损员因私利而违规的行为时有发生，增加了被保险人的不满意度。

随着保险科技的发展，车险定损的方式由传统方式演变成依据图片、视频的智能定损方式，大大提高了定损效率。传统车险的定损流程至少 30 分钟，而通过图片、视频可实现秒级定损，大大降低了定损时效，提高了定损效率。理论上，因视频定损传递了多维信息，比图片定损准确率更高，可以有效降低车险理赔发生错漏的概率。

目前，车险视频定损因网络带宽、速率等问题，尚未形成规模。但在下一个网络时代，车险视频定损服务有望成为行业标配。2017 年 6 月，中

国平安推出车险一站式视频智能理赔服务；同期，蚂蚁金服推出车险图像定损技术产品"定损保"，并于 2018 年 5 月将图像识别升级成准确率更高的视频识别；随后，太平保险推出一键快速理赔、人保推出"视频理赔"功能、太平洋保险推出专享赔服务、众安推出"马上赔"视频理赔服务等。

◆ 案例　众安保险一站式车险视频智能理赔：秒级定损，快速赔付

2019 年 8 月份，众安保险推出了"马上赔"车险在线理赔，在经过三个月的磨合后，于 2019 年 11 月份迭代了马上赔 2.0 视频版本（图 11 – 3）。

假如车主遇险，车主可以进入"马上赔"实时视频连线客服，在一个视频通话里走完从报案、查勘、定损、交单、理算到核赔、结案的整个传统车险理赔流程，获得快速的智能定损及理赔打款服务，最快可在 3 分钟内完成。

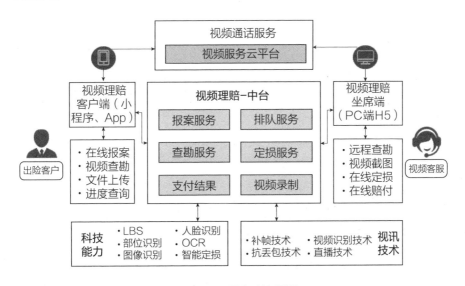

图 11 – 3　马上赔流程图

资料来源：众安金融科技研究院

在线理赔大获好评的直接原因在于"快"。与传统"万元以下"理赔结案平均需耗时 7 到 8 天相比，"马上赔"目前的平均结案时间为 11 分 06 秒，最快为 3 分钟，理赔效率的提升直接缓解了用户出险后的焦虑情绪。不仅快，"马上赔"还很省。由于涉及各地的人力费用及查勘验车等设备费用，目前，传统理赔的间接理赔费用接近每案 400 元。与之相比，依托互联网轻运营、技术赋能和经营管理的优势，"马上赔"每案可节省成本约 37.2%，趋近于大公司规模效益后的水平。

在实现"好、快、省"的同时，"马上赔"触达用户的方式也日益多样。目前，除了众安保险 App、"众安好生活"公众号和小程序外，用户也可在支付宝"蚂蚁保险"的车险栏目中体验"马上赔"。用户无须寻找理赔入口，也无需关注理赔进度，支付宝会主动推送消息和更新案件进展。

后 记

从经济价值的角度预判，基于5G网络的金融科技创新的适用范围不仅局限在对已有流程或展业模式的优化，也是宏观经济结构转型的催化剂，将带来新的金融需求，并赋予金融机构崭新的方式去回应需求。尤其是，数字经济下金融业发展的新动能在对冲不确定性时，比传统的旧动能展现出更大的发展潜力，数字技术也对提升金融行业运行的柔韧性起到了积极作用，在面临冲击时能够更有韧性地调整金融资源的生产、分配及消费。

从金融业的本质来看，信息传输的速率、途径、覆盖的广度对金融业的资源配置效率、金融市场的有效性，和金融交易成本的降低等均会带来深刻的影响。就此次5G技术的升级迭代而言，可预期的是，其所带来的价值将不仅局限在满足金融业对于信息传输的多重需求，更重要的是将支撑起更多新兴产业的发展，并激发更为多元化的金融需求，同时也为金融业回应以上需求而架构出新的风险管理流程、展业运营模式以及用户体验方案等提供了网络架构的技术支撑。较为明显的体现便是数字经济下金融和其他产业的互联发展，其也在加速推动传统金融业的数字化、网络化、智能化转型和新旧动能的转换。

2020年3月，中共中央政治局常务委员会提出加快5G网络、数据中心等新型基础设施建设的进度，大概率将加速全行业数字化转型的进展。对于金融业而言，"全行业数字化转型"不仅是当前应对短期经济负面冲击的应急措施，在中长期更是行业抓住技术发展窗口期、构建适应数字经济时代金融发展模式，以提升我国在全球金融治理体系中的话语权的必要之举。并且，基于5G网络以及边缘计算等一系列技术的应用，核心金融业务系统可实现进一步的下沉，更好地深入传统金融无法满足的"空白区"，将促进金融资源配置的优化，促进金融资源更多地流向实体经济，完善国家金融战略。

当前，世界局势依然不明朗，全球经济下行压力进一步加大，"反全球化"势力有抬头的趋势，新一代信息技术引领的自由贸易大势或将受阻。在此宏观背景之下，为了抓住此次技术发展的窗口期，我们倡议加强同业及跨界合作，依托行业协会、产业联盟及创新型民间智库等机构组织，在技术创新管理、创新战略、人机交互、金融基础理论等方面互通有无，联合金融科技生态圈及相关产业链参与主体，共同规划并搭建低成本、小范围、单一场景的试错流程，并跟进相关实证研究，助力企业快速迭代相应模式、流程及场景，以科学创新管理的手段最大化地激活新一代信息通信技术的经济价值，形成可推广的行业级解决方案，加速推进金融业实现稳健的迭代升级。

致　谢

承蒙各方支持，《5G＋：金融保险的新基建时代》一书终于得以成功出版。在过去一年里，新冠疫情的突袭让业界同仁深切感受到数字化转型的紧迫性，数字技术以一种新方式赋予企业拥抱"不确定性"、实现商业可持续增长的能力。而5G技术作为这一系列新兴数字技术的"新基建"，将使得基于网络技术的创新活动从网络端到终端设备，再到应用端逐步传导。回顾过往发展，通常当基于新一代网络技术的终端设备在社会中的渗透率达到近70%时，应用端的创新将会得到全面商业化。5G技术给未来金融保险行业企业间的信息交互带来了无限的可能性。

对金融保险业而言，历次网络技术的迭代必然会带来金融保险行业信息传递及交互形式的变迁，从而改变企业的运营理念及展业模式。依据历次创新传导的基本规律，去预判应用端创新的关键时点、预判应用端的重要应用场景，让金融保险业以未来看当下的视角获取商业洞察，是我们编辑本书的初心，希望借由本书对5G技术为金融保险行业带来的可能性与业界进行有益探讨。

本书的成稿，离不开众安金融科技研究院"5G＋"课题组的贡献。谨向课题组全体成员表示由衷的感谢：

项目负责人：王　敏

课题组长：王　敏　樊盷盷　田　慧

课题副组长：吴雨鸿　王晓阳

课题组成员：王国荣　吕　杉　廖晶薇　毛丽娟　钱　聪　吴慧慧
　　　　　　祝　峰　杨睬睬　单通晓　杨远宁

研究支持：张　洁　柳　悦　董晓静　刘　毅　许思源

特别感谢众安保险田慧、王国荣、吕杉以及廖晶薇等各位专家对本书的指导，以及众多行业菁英企业为本书提供的大量翔实案例与深刻洞见。恕无法一一列举，在此一并致谢。

众安金融科技研究院